우리 오늘
같이 나갈까?

보호자와 강아지가 함께 행복한
도심 속 원데이 코스

우리 오늘 같이 나갈까?

(주)펫시민 지음

길벗

보호자와 강아지가 함께 행복한 도심 속 원데이 코스
우리 오늘 같이 나갈까?

초판 발행 · 2021년 9월 15일

지은이 · (주)펫시민
발행인 · 이종원
발행처 · (주)도서출판 길벗
출판사 등록일 · 1990년 12월 24일
주소 · 서울시 마포구 월드컵로 10길 56 (서교동)
대표전화 · 02)332-0931 | 팩스 · 02)323-0586
홈페이지 · www.gilbut.co.kr | 이메일 · gilbut@gilbut.co.kr

편집팀장 · 민보람 | 기획 및 책임편집 · 정희경 (livelhee@gilbut.co.kr) | 제작 · 이준호, 손일순, 이진혁
영업마케팅 · 한준희 | 웹마케팅 · 김윤희, 김선영 영업관리 · 김명자 | 독자지원 · 송혜란, 윤정아

디자인 · 이유정 | 교정교열 · 추지영 | 일러스트 · 이희숙
취재 · 박애진 | 사진 · 김수정 | CTP 출력 · 인쇄 · 제본 · 상지사피앤비

- 잘못된 책은 구입한 서점에서 바꿔 드립니다.
- 이 책에 실린 모든 내용, 디자인, 이미지, 편집 구성의 저작권은 (주)도서출판 길벗과 지은이에게 있습니다.
- 허락 없이 복제하거나 다른 매체에 옮겨 실을 수 없습니다.

ISBN 979-11-6521-687-0(13980)
(길벗 도서번호 020166)

© (주)펫시민
정가 17,000원

독자의 1초까지 아껴주는 정성 길벗출판사

(주)도서출판 길벗 | IT실용, IT/일반 수험서, 경제경영, 취미실용, 인문교양(더퀘스트) www.gilbut.co.kr
길벗이지톡 | 어학단행본, 어학수험서 www.eztok.co.kr
길벗스쿨 | 국어학습, 수학학습, 어린이교양, 주니어 어학학습, 교과서 www.gilbutschool.co.kr
페이스북 · www.facebook.com/gilbutzigy · 트위터 · www.twitter.com/gilbutzigy

독자의 1초를 아껴주는 정성!
세상이 아무리 바쁘게 돌아가더라도
책까지 아무렇게나 빨리 만들 수는 없습니다.

인스턴트 식품 같은 책보다는
오래 익힌 술이나 장맛이 밴 책을 만들고 싶습니다.

땀 흘리며 일하는 당신을 위해
한 권 한 권 마음을 다해 만들겠습니다.

마지막 페이지에서 만날 새로운 당신을 위해
더 나은 길을 준비하겠습니다.

독자의 1초를 아껴주는 정성을 만나보십시오.

Prologue 작가의 말

앨범 속 어릴 적 제 사진에는 컷마다 강아지가 등장합니다. 집 안에서나 동네 어딜 가나 강아지와 함께인 것이 자연스러운 일상 속에 성장했습니다. 그러다 5년 전, 직장 때문에 서울에 온 지 10년쯤 되어가던 무렵 지금의 반려견을 만났습니다. 제게 강아지란 언제나 함께하던 존재이기에 녀석을 반려하기로 결심하는 데 별다른 고민이 없었습니다. 하지만 그렇게 시작된 새로운 반려생활은 저의 많은 것을 바꿔놓았습니다.

녀석과 어디라도 가려 하면 택시는 탑승 거부, 숍은 출입 거부였습니다. 매번 집에 두고 외출하는 것이 마음에 쓰여 함께할 수 있는 방법을 고민하다 인스타그램 채널을 열었습니다. 국내외 피드를 모두 뒤져보아도 펫프렌들리 콘텐츠는 외국 것들뿐이라 속상한 마음에 아이디는 @pet_allowed_korea로 정했습니다. 마땅한 해시태그가 없어 단어를 이리저리 조합해 '#반려견동반', '#애견동반카페'와 같은 해시태그를 만들어보고 과연 사람들이 이해하고 받아들이는지 살피는 기간도 있었습니다. 시간이 지날수록 팔로워가 늘고 전국 각지에서 콘텐츠가 밀려드는 것을 보며 반려동물과 사는 도시민들이 겪는 공동의 문제가 있다는 것에 점점 확신을 갖게 됐습니다. 이제는 인스타그램에서만 동반 관련 해시태그가 백만 개 이상 검색됩니다. 도시의 반려가족에게 반려동물과의 외출은 그만큼 보편적인 문화로 자리 잡아가고 있는 것입니다.

3년 전 어느 날, 산책 중이던 제 반려견이 리드줄 없이 산책 나온 다른 강아지에게 물리는 사고를 겪었습니다. 돌이켜보면 매체를 통해 산책의 중요성을 갓 알게 된 가족들이 질서 없이 거리로 쏟아져 나오던 시기였습니다. 조사해보니 이 역시 나만의 문제는 아니어서 연간 몇천 건씩 물림사고 피해가 발생하는데 누구도 해결하고 있지 않았습니다. 고가의 사교육이 아닌 필요한 누구나 접근 가능한 실용적인 훈련 프로그램, 도시 반려가족을 위한 펫티켓 산책 교육을 열었습니다. 여러 훈련사들과 함께 커리큘럼을 필요로 하는 반려가족을 만나기 시작했습니다. 1년여 지나 그렇게 만난 반려견과 보호자들이 천 가족을 넘어섰습니다.

우리가 만난 보호자들은 반려견에게 행동 문제가 있든 없든 끝까지 최선을 다하려는 아름다운 사람들이었고, 자신의 라이프스타일과 반려견의 특성에 맞는 조화로운 생활 방식을 찾으려 고심하는 성숙한 반려인들이었습니다. 이들에게 반려동물이 가족 이상의 의미를 갖는 것은 당연합니다.

책을 계기로 한 걸음 더 들어가 반려가족들의 실제 생활을 만날 수 있게 됐습니다. 가능한 여러 지역, 여러 형태의 가족 구성, 다양한 직업과 연령대, 반려견의 크기와 견종 성향에 따른 생활상, 입양 사유 등을 고려해 여러 모습의 반려가족을 있는 그대로 담고자 했습니다. 출판사와의 기획 회의만 1년, 실제 인터뷰는 1년 반이 걸린 대장정. 8주 내내 폭우를 쏟아내던 이상 기후와 2년째 끝나지 않는 코로나 속에 반려가족들을 만나는 일은 산 너머 산이었습니다. 그런데 어렵사리 만난 소중한 이들이 가장 행복한 순간을 끌어내어 우리에게 그 행복을 보여주고 나눠주었습니다.

인터뷰 전날이면 작가들과 화상으로 만나 주제를 점검하고 동선을 확인하고, 당일에는 수십 킬로미터 떨어진 반려가족들이 있는 곳으로 달려갑니다. 촉박한 스케줄 안에서도 최선을 다해 마음을 열고 그들의 인생 이야기를 들으며 웃고 울었습니다. 가족들의 생활양식에 맞춰 준비된 코스를 따라 온종일 같이 이동하고, 이리 뛰고 저리 뛰는 강아지를 같이 뛰어다니며 촬영하고 나면 저나 작가들이나 집에 돌아가 쓰러지고 마는 강행군이었습니다. 그런데도 다음 날이면 단톡방에는 여운이 가시지 않은 작가님들의 화기애애한 글과 사진이 올라와 어제 만난 강아지의 귀여움에 대한 토론(?)이 이어지곤 했습니다. 반려동물에 대한 애정으로 시작해 마지막까지 정성을 다해준 작가님들과 정희경 편집자님께 감사드립니다.

채널을 개설하고 콘텐츠를 하나둘 쌓기 시작할 때만 해도 이것이 어떤 의미가 될지 알 수 없었습니다. 마찬가지로 반려가족의 섭외를 시작할 때만 해도 가족 하나하나가 찍어내는 이 점들이 어떤 선으로 연결되고 어떤 그림을 그려낼지 궁금하기만 했습니다. 열아홉 가족을 모두 만나고서야 그려진 이 자연스러운 그림이 바로 지금 우리나라 반려가족의 진짜 모습이고, 도시 반려문화의 현주소라는 것을 이해하게 되었습니다. 그 옛날 어른들에게 '집 지키는 개'였던 생명은 이제 집이든 어디든 보호자 삶의 장면 어디에나 등장하는 소중한 가족이 되었습니다. 넘치는 애정에 비해 아직 정보가 부족하다고 느끼는 초보 보호자들에게 책에 등장하는 여러 반려가족들의 스토리가, 책갈피마다 정성껏 담은 정보들이 행복의 단서가 될 수 있을 것입니다. 보호자가 반려동물을 입양할 때 사연과 이유는 저마다 다르지만 마음은 하나입니다. 바로 반려견과 나의 행복을 바라는 마음 말이죠. 5년 전 제가 느꼈던 불편이나 어려움 없이 앞으로 이 도시를 살아갈 많은 반려가족들이 각자 원하는 만큼의 행복을 누리며 안전하고 풍요롭게 살아가기를 바랍니다.

2021년 8월,
반려견 '빵이'의 보호자 펫시민 대표 오수진

Contents

006 **Prologue**
작가의 말

PART 1

평일은 프로 직장인
주말만큼은 콧바람 쐬러

014 **Column** 함께 주말 나들이하기 좋은 도심 속 펫프렌들리 공원
018 **강서구** 매주 토요일은 온전히 텐시랑 **숲에서 피크닉**
Course 서울식물원 → 삐삐 커피 → 코끼리탭룸
032 **하남·남양주** 애정 표현 확실한 스타일 연하와 **둘만의 드라이브**
Course 프렌치 불독 스토리 → 어나더 피크닉
044 **강남구** 커멍이의 미소로 반짝반짝한 **휴일 쇼핑 플렉스**
Course 뷰티 그로서리 → 도산공원 → 펫 부티크

PART 2

소소하게 소중하게
도심 산책

064 **Column** 도시 구성원 모두가 편안한 도심 산책 by 권혁필 훈련사
068 **용산구** 차가운 도시 속 따뜻한 캐롤이 들리는 **산책로**
Course 남산 야생화공원 → 아하오호
080 **서대문구** 춘심이 미소 따라 발견한 **작고 빛나는 골목**
Course 홍제천 → 희게 → 래핑폭스
094 **강서구** 섬세한 두밤이를 위한 **도심 속 자연길**
Course 허준근린공원 → 가양구름다리
106 **성남** 아기 강아지 가루의 **도심 산책길 열공 일기**
Course 율동공원 → 카페L → 정자역 엠코헤리츠

PART 3

서로의 단짝이 되어
취미도 운동도 함께

124 **Column** 반려동물 동반 공간에 대한 모두의 자세
128 **용산구** 우리가 향하는 꽃길은 바로 비단길 **플라워 클래스**
Course 비바 베르데 플라워 → 아임 히어 → 경의선숲길 → 바이커스 버거
144 **용인·화성** 운동천재 모델견 벤이 찾아가는 **반려견 놀이터**
Course 기흥 레스피아 → 동탄호수공원
156 **성동구** 사랑하면 닮는다죠, 보리♡뚜지 **서울숲 더블 데이트**
Course 빅토리아 베이커리 → 서울숲 → 포동푸딩

☑ 도서 속 공간 정보는 2021년 8월 기준입니다.
꼼꼼히 정리한 정보지만 방문 시점에 따라
정보가 변동될 수 있으니 양해 바랍니다.

PART 4
동반이 되는 출근길 절반이 되는 월요병

174 **Column** 반려견과 함께 출근한다는 것

176 (성동구) 회사와 동료의 배려심이 만들어낸 콜리의 **사원증**
Course 송정제방공원 → 헤이그라운드 서울숲점 → 코시나

190 (마포구) 브랜드 뮤즈이자 사업 파트너 떡국이와 **작업실 오픈**
Course 떡국누나 스튜디오 → 경의선숲길 → 바잇미 연남점

204 (송파구) Do you know Doo-U? 영어 학원 두유의 **출석 체크**
Course 더 써밋 어학원 → 꼬양 드 파리 → 올림픽공원

PART 5
우리 가족 분위기 360도 달라지는 중

222 **Column** 우리집 막내로 반려동물을 맞이하는 것 by 이학범 수의사

226 (종로구) 두 아이와 어린 강아지가 함께 커가는 곳 아키네 **홈파티**
Course 아키 하우스 → 스태픽스 → 서대문독립공원

240 (강남구) 트라우마를 치유해준 고마운 레오와 **슬기로운 홈트생활**
Course 독핏 웰니스센터 → 파운드로컬 → 레오 하우스

254 (송파구) 영원한 내 동생 땅콩이 **만수무강 버킷리스트**
Course 글샘공원 → 포지티브 보울

PART 6
네가 있어 언제나 일상을 여행처럼

270 **Column** 빵이야, 우리 오늘 같이 나갈까?

272 (수원·용인) 뽀도리와 다시 준비해보는 **해외여행**
Course 149플라밍고 → 앨리웨이 광교 → 수지성복 SL동물병원

286 (파주) 알로하! 돌고 돌아 자연으로 로뚜뽀네 **데이트립**
Course 플레이라움

298 (서초구) 우리 가족 행복의 이유 반짝반짝 **한강 나들이**
Course 반포한강공원 → 골든 블루 마리나

Epilogue
310 What's in my bag 반려가족의 외출 아이템
317 Around Us 우리는 펫시민
332 Making Note 취재 일기

PART 1

평일은 프로 직장인 주말만큼은 콧바람 쐬러

텐시

연하

새커멍

함께 주말 나들이하기 좋은 도심 속 펫프렌들리 공원

반려가족 중에는 집보다 동네 환경을 기준으로 거주지를 정하는 이들이 많습니다. 반려견에게 무엇보다 산책이 중요하니까요. 그만큼 도시의 반려가족에게 공원의 의미는 남다릅니다. 한편 반려가족이 많이 찾게 되면서 도시의 공원도 변화하고 있습니다. 반려견 출입 안내문을 붙이는 것은 물론 어떤 곳은 보다 펫프렌들리하게, 또 어떤 곳은 까다롭게 규정을 추가하는 곳도 있고요.

얼핏 생각하기에 공원이나 숲에 출입문이 있는 것도 아니니 반려견과 자유롭게 드나들어도 될 것 같지만, 반려견과 함께 출입할 수 없는 곳도 있고, 출입이 가능하더라도 지켜야할 규칙도 많습니다. 헛걸음하지 않도록 미리 출입 여부와 규정을 알아보고 이용하는 것이 좋습니다. 대부분의 공원은 「동물보호법」이 규정하는 펫티켓 기준과 「도시공원 및 녹지 등에 관한 법률」에 따라 목줄 착용, 배변 처리 위반에 관한 과태료 기준을 공통적으로 명시하고 있습니다. 하지만 그 밖에 가이드라인은 지역마다 조금씩 다릅니다.

반려견 출입이 가능한 권역별 대표 공원을 살펴보아요!
야외 보행로 이용 가능, 일부 잔디구역과 실내 시설은 제한적

서울숲(성동구, 480,994㎡)은 반려동물 출입이 가능한 대표적인 공원입니다. 장미와 튤립으로 계절마다 옷을 갈아입는 꽃밭이 장관을 이룹니다. 공영주차장이 넓고, 쉬어 갈 수 있는 벤치가 많으며, 공원 곳곳에 배변봉투를 버릴 쓰레기통이 비치되어 편리합니다. 많은 반려가족이 찾는 곳이기에 주변 식당과 카페 대부분이 반려견 출입을 허용합니다. 주말이면 테이블마다 최소 한 마리 이상 반려견이 동행해 앉아 있는 광경을 볼 수 있습니다. 오토바이, 킥보드 등의 탈것이 금지돼 있어 안전하게 걸어다닐 수도 있고요.

서울시립 북서울꿈의숲(강북구, 665,190㎡)도 반려가족들이 즐겨

찾는 곳입니다. 숲을 가로지르는 나무 데크와 보행로가 한가롭고 쾌적해서 반려견과 산책하기 안성맞춤입니다. 산책 중 쉴 수 있는 벤치가 많고 공원 내 카페 테라스도 반려견 동반이 가능해서 편리합니다. 하지만 미술관 앞 잔디 등 일부 반려견 출입을 금하는 곳이 있으니 유의해야 합니다.

보라매공원(동작구, 413,352㎡)의 피크닉존은 반려견과 함께 이용할 수 있지만 잔디마당은 출입할 수 없습니다. 보라매공원은 서울시에서 반려견놀이터가 운영되고 있는 대표적인 공원입니다. 반려동물 등록을 마친 반려견은 보호자 동반하에 목줄 없이 자유롭게 이용할 수 있습니다.

2018년에 개장한 서울식물원(강서구, 504,000㎡) 역시 반려가족들에게 사랑받는 공원입니다. 호수원 주변 나무 데크 길을 따라 사시사철 아름다운 식물 사이를 굽이굽이 산책하다 보면 몸도 마음도 건강해지는 기분입니다. 식물원 모든 구간에서 자전거 운행을 금지하고 있어 반려견과 산책하기에 더욱 안전합니다. 온실과 주제정원은 동반이 제한되지만 야외 열린숲과 잔디는 목줄을 착용하고 이용할 수 있습니다.

이외에 남산공원, 용산공원처럼 공중화장실 앞에 반려견 목줄 거치대를 설치해 반려가족의 편의를 돕고 안전사고를 예방하기 위해 노력하는 곳이 있는가 하면, 공원에 따라서 벤치 위에 반려견을 앉히지 말아달라는 요청 사항을 게시하는 곳도 있습니다.

우리 동네 한강공원에서는 매일 오프리시 모임을 한다고요?

'모두 과태료 대상'입니다. 현재 한강공원은 반려견 목줄 착용 후 보행만 가능합니다.

현재 서울에서 반려견이 목줄을 풀고 이용할 수 있는 반려견 놀이터는 총 7곳입니다(2021년 기준). 광진구 능동 어린이대공원(747㎡), 마포구 상암동 월드컵공원(1,638㎡), 동작구 신대방동 보라매공원(1,300㎡), 도봉구 초안산 근린공원(800㎡), 영등포구 안양천 오목교(116㎡), 구로구 안양천 오금교 남단 부지(1,300㎡), 동대문구 중랑천 장안교 하부(420㎡). 서울시에 등록된 반려견 수가 45만 마리인 것을 보면 반려견 6만 4천 마리에 놀이터 하나가 배정되어 있는 셈이죠. 반려가족만을 위해서가 아니라 비반려인과의 마찰을 줄이고 도시 전체의 안전을 위해 반려견 전용 놀이터는 앞으로 대거 확충될 필요가 있습니다. 하지만 도심 한복판 거주지 근처에 이 같은 시설을 운영하는 것은 현실적으로 어려움이 많을 것입니다. 과거 동대문이나 서초에서 반려견 놀이터를 지어놓고도 주민 반대로 개장을 취

소한 사례도 있으니까요.

서울뿐 아니라 전국 대부분의 도시에서 반려견 놀이터를 짓는 문제로 고민과 갈등이 많습니다. 여러 대안이 논의되겠지만 결국 유일한 해결 방법은 한강공원이 될 것입니다. 도심을 가로지르며 흐르는 강변은 접근성이 좋고 주택가와도 거리가 있으니까요. 아직은 한강공원에 반려견 놀이터를 지을 수는 없습니다. 하천법에 따라 '가축을 방목하거나 사육하는 행위'가 금지돼 있기 때문인데요. 반려견을 잠시 잠깐 뛰어놀게 하는 것과 가축을 방목 사육하는 것은 엄연히 다르지만 현재의 법 해석은 그렇습니다. 다행히 반려견 놀이터 수요가 폭발적으로 늘면서 법 개정을 추진하고 있다고 하니 긍정적인 결과가 있기를 기다려봅니다. 법이 바뀌고 한강변에 많은 놀이터가 생기려면 지금 한강공원 곳곳에서 벌어지는 오프리시 모임은 중단하고, 펫티켓을 지키며 한강변을 깨끗이 보전하기 위해 다 같이 노력해야 할 것입니다.

북한산 둘레길 등 국립공원이 대표적인 반려견 출입 제한 구역인 것을 아시나요?
출입 허용을 위한 연구 진행 중

야생 동식물이 서식하는 곳인 만큼 공원 생태계에 영향을 줄 수 있다는 이유 때문입니다. 이 사실을 모르고 방문했다가 헛걸음하는 이들이 많습니다. 하지만 반려동물 동반 출입 문의가 늘고, 적발 건수도 증가하면서 지난해부터 국립공원 내 반려동물 동반 출입 제도를 위한 검토에 들어갔다고 합니다.

국립 휴양림 중에는 반려견과 함께할 수 있는 곳이 일부 있습니다. 현재 네 곳이 시범적으로 반려견 출입을 허용하는데요. 경기도 양평 산음 휴양림, 경북 영양 검마산 자연휴양림, 전남 장흥 천관산 자연휴양림과 강원도 화천 숲속 야영장이 이용 가능합니다. 반려가족들이 생태 보전에 힘쓰고 사고 없이 안전하게 이용한다면 더 많은 국공립 공원으로 확대될 수 있을 거예요.

또 다시 주말이 다가오네요. 매일 현관 앞에서 반짝이는 까만 눈동자를 뒤로하고 출근과 퇴근을 반복하다 맞이하는 주말은 보호자와 반려견 모두에게 얼마나 소중한지 모릅니다. 일주일간 차곡차곡 쌓인 미안함을 씻어내려고, 피곤했던 일상을 회복하려고 주말이면 강아지를 데리고 가까운 자연을 찾아 공원으로 떠나는 우리. 이번 주말에는 어떤 공원이 우리를 반겨줄까요.

출처

서울숲 공원 이용 안내 seoulforest.or.kr/info/faq#1489635482602-d4ed9799-bd2c

보라매공원 안내 parks.seoul.go.kr/template/sub/boramae.do

서울식물원 관람 유의 사항 botanicpark.seoul.go.kr/front/introduce/note.do

서울의 공원 안내 parks.seoul.go.kr/information/list.do

"[라이프-서울식물원]내년 봄 개원 '서울식물원' 미리 둘러보기!" **조선일보 2018. 10. 23.**
sports.chosun.com/news/ntype.htm?id=201810240100200050015495&servicedate=20181023

"북한산 둘레길에 반려견 데리고 갈 수 있게 되나" **노트펫 2020. 5. 20.** post.naver.com/viewer/postView.nhn?volumeNo=28319737&memberNo=15627980&vType=VERTICAL

"국립화천숲속야영장, 반려견 동반 휴양림 시범운영" **뉴시스 2020. 10. 26.** newsis.com/view/?id=NISX20201026_0001210405&cID=10807&pID=10800

"반려견 많은데 놀 곳 없다" **메트로 2021.06.02.**
www.metroseoul.co.kr/article/20210602500242

강서구

매주 토요일은 온전히 텐시랑
숲에서 피크닉

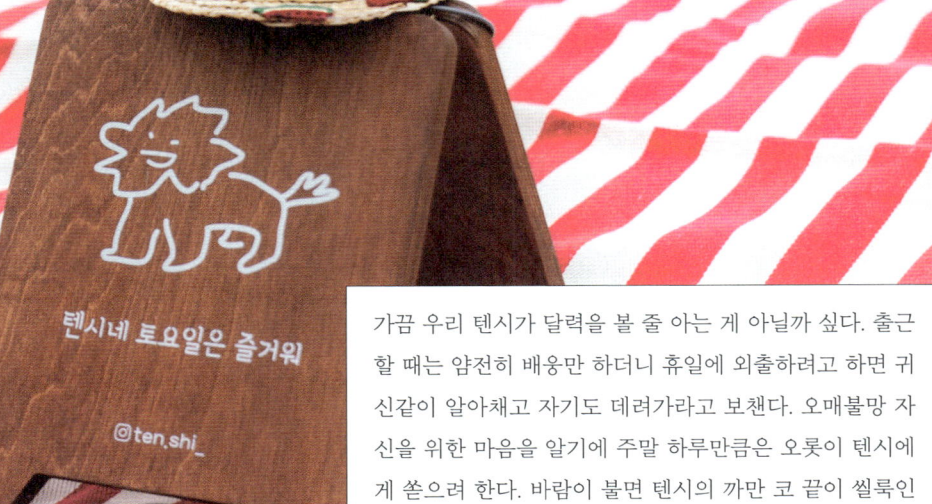

가끔 우리 텐시가 달력을 볼 줄 아는 게 아닐까 싶다. 출근할 때는 얌전히 배웅만 하더니 휴일에 외출하려고 하면 귀신같이 알아채고 자기도 데려가라고 보챈다. 오매불망 자신을 위한 마음을 알기에 주말 하루만큼은 오롯이 텐시에게 쏟으려 한다. 바람이 불면 텐시의 까만 코 끝이 씰룩인다. 말하지 않아도 미소를 짓는다는 것을 알 수 있다. 최선(보호자)의 마음이 닿아 텐시의 토요일은 언제나 즐겁다.

Companion Dog

텐시
2017년생, 3kg
개인주의 가족을 하나로 뭉쳐놓은 말썽꾸러기

Guardian

최선
의류 회사 마케터
부모님이 매일 화상전화로 텐시의 안부를 묻는 독립 1년 차

Family Interview.

Q. SNS에서 텐시가 다른 강아지 친구 두 마리와 공원을 찾는 모습을 종종 봤어요.

A. 데면데면 삼총사랍니다. 텐시를 키우면서 정보를 얻으려고 가입한 커뮤니티에서 만난 친구들이에요. 서로 잘 맞아서 함께 카페도 가고, 여행도 가는 모임이 됐답니다. 세 마리 모두 낯선 개를 경계하는 편인데 신기하게도 자기들끼리는 나름 잘 지내요.

Q. 텐시와 함께 여행도 자주 다니던데요. 심지어 비행기 타고 제주도까지.

A. 제주도는 두 번이나 다녀왔어요. 텐시한테는 제가 보여주는 세상이 전부잖아요. 그래서 최대한 많이, 다양한 경험을 하게 해주고 싶어요. 평일에는 일 때문에 갈 수 없으니 주말 하루는 텐시에게 올인하려고 해요. 다른 개들과 어울리는 걸 안 좋아하니 반려견 전용 카페나 운동장은 가지 않게 돼요. 관심을 가지고 알아보니 함께 갈 수 있는 곳이 생각보다 많더라고요. 카페나 식당뿐 아니라 자전거 라이딩, 테니스 레슨, 데일리 클래스, 미용실까지! 다른 반려견들도 다양한 경험을 하면 좋겠다는 생각에 SNS에 열심히 공유하고 네이버 인플루언서도 등록했어요. 펫시민들이 많아질수록 함께할 수 있는 활동도 많아지지 않겠어요.

Q. 반려견과 여행하기가 쉽지 않은데 어떤 점이 좋나요?

A. 물론 짐도 많고 걷다가 지치면 안아줘야 하고 피곤한 점이 많죠. 하지만 우리에게도 휴가가 필요하듯이, 반려견도 일탈이 필요하다고 생각해요. 매일 같은 코스를 산책하는 것 아니면 집에서 잠만 자니까요. 텐시만 봐도 새로운 곳에 갈 때마다 얼마나 신나하는지 몰라요. 이곳저곳 다니면서 예쁨도 많이 받으니 텐시도 용기가 더 생기나 봐요. 무엇보다 이렇게 해야 나중에 텐시를 떠나보낼 때 후회가 적을 것 같아요. 여행 사진을 보면서 함께했던 시간을 추억할 수도 있고요.

Q. 강아지들에게도 리프레쉬가 필요하죠. 혹시 추천 여행지가 있나요?

A. 부모님 집이 인천이라 영종도를 자주 가요. 텐시가 모래밭과 갯벌에서 노는 걸 엄청 좋아하거든요. 평생 바다를 본 적 없는 개들도 많더라고요. 영종도는 수도권에서 차로 얼마 안 걸리고 지하철로도 갈 수 있어 꼭 추천하고 싶어요. 을왕리 옆 왕산해수욕장이나 선녀바위해수욕장도 좋아요. 한적하니 갯벌에서 뛰어놀기도 좋고 근처에 동반 가능한 식당과 카페들도 있답니다.

주말이면 지인들이 자주 놀러 오는데,
자연스레 개와 사람 모두 즐길 수 있는 코스가 되었어요.
카페에서 밀린 수다를 떨거나, 자연 속에서 휴식을 취하고,
맛있는 음식과 술도 먹고. 토요일마다 모이다 보니
토토즐과 비슷한 모임 이름도 생겼답니다.
'텐시의 토요일은 즐거워'를 줄여서 '텐토즐'
입에 쫙쫙 달라붙지 않나요?

DAILY ROUTE
한눈에 보는 코스

열린숲에서 피크닉
서울식물원

»» 차량 10분

개성 강한 디저트로
눈과 입이 즐거운
삐삐 커피

»» 차량 5분

유럽식 펍에서 분위기 한잔
코끼리탭룸

강서구

PLUS
추천 장소

COFFEE
애크미
- 서울시 강서구 화곡로61길 100 청석빌딩
- 월~금요일 10:00~22:00, 토·일요일·공휴일 11:00~21:00
- 견종, 크기 제한 없이 동반 가능
- 가능

COFFEE
왓더독
- 서울시 강서구 양천로 344 대방디엠시티 2층
- 월~금요일 07:30~19:30, 토·일요일 10:00~19:30
- 중·소형견에 한해 동반 가능
- 대방디엠시티 주차장

COFFEE
카페 우드진
- 서울시 강서구 마곡중앙6로 45
- 월~금요일 07:30~22:00, 토요일 12:00~22:00, 일요일 12:00~18:00
- 견종, 크기 제한 없이 외부공간 동반 가능
- AJ파크 리더스퀘어 마곡점 주차장

COFFEE
퍼플오션커피
- 서울시 강서구 공항대로 237 에이스타워마곡 122호
- 화~금요일 10:00~20:00, 토·일요일 10:00~17:00 (도넛 나오는 시간 11:00~) / 휴무 월요일, 부정기 휴무 인스타그램(@poc_coffee) 공지
- 중·소형견에 한해 동반 가능
- 에이스타워마곡 주차장

COFFEE
플루이드
- 서울시 강서구 마곡중앙6로 70 1층 107호
- 월~금요일 10:00~22:00, 토·일요일·공휴일 12:00~22:00
- 견종, 크기 제한 없이 동반 가능
- 매그넘797 지하주차장

MEAL
마곡테이블 *전화 예약 추천
- 서울시 강서구 마곡중앙6로 63 마곡테크노타워 1층 107호
- 매일 11:30~10:00 (Break Time 15:00~17:00)
- 견종, 크기 제한 없이 외부공간 동반 가능
- 화덕고깃간 바로 옆 주차장

MEAL
카메야라멘
*평일 11:00~14:00 동반 불가
- 서울시 강서구 강서로 489-4 2층
- 일~금요일 11:00~21:30 / 휴무 토요일
- 소형견에 한해 동반 가능
- 가게 앞 3대 가능

PARK
강서습지 생태공원
- 서울시 강서구 방화동 2-15
- 강서 한강공원 주차장

SHOP
댕큐베리
*주문제작(픽업) & 클래스 운영
- 서울시 강서구 마곡서로 101 동익드미라벨 854호
- 월~토요일 11:00~21:00 / 휴무 일요일
- 견종, 크기 제한 없이 동반 가능
- 가능

FARM
플레이스콤마
- 서울시 강서구 오정로375
- 인스타그램(@place_comma)으로 오픈 일정 및 운영 시간 공지
- 견종, 크기 제한 없이 동반 가능
- 가능

PUB
잔잔하게
- 서울시 강서구 마곡서로 158 센트럴타워2 3층 301호
- 월~토요일 17:30~02:30 / 휴무 일요일
- 소형견에 한해 동반 가능
- 가능

서울식물원
Seoul Botanic Park

- 서울시 강서구 마곡동로 161
- 야외 공간(열린숲, 호수원, 습지원)은 연중무휴
- 견종, 크기 제한 없이 외부공간 동반 가능
- 식물문화센터 지하주차장
- botanicpark.seoul.go.kr

6년간의 준비를 마치고 2018년 마침내 국내 최초의 보타닉 공원이 문을 열었다. 공원이 결합된 도심형 식물원으로 무려 축구장 70개를 합친 규모를 자랑한다. 열린숲, 호수원, 습지원, 주제정원 4개 구역으로 나뉘는데 야외 공간인 열린숲과 호수원, 습지원은 반려동물 출입이 가능하다. 호수 주변으로 산책로와 쉼터가 잘되어 있어 반려견과 함께 걷기 좋다. 텐시는 흙을 밟으면 궁둥이를 신나게 흔드는 편. 콘크리트 길보다 흙길을 더 좋아하는 것이 분명하다. 가끔은 땅바닥에 드러누워 등을 비비며 브레이크댄스를 추는 텐시의 쇼타임을 보기도 한다. 여름이면 연꽃이 물 위를 수놓고, 가을에는 물 위에 반영되는 오색 단풍이 아름답다. 날이 좋은 주말에는 열린숲 잔디광장에서 피크닉을 즐긴다. 이미 꽤 많은 사람들이 자리를 잡고 있지만, 워낙 넓어서 북적거림 없이 오붓한 시간을 보낼 수 있다. 나무 그늘 아래 자리를 잡고 기지개를 켠다. 탁 트인 파란 하늘에 기분까지 상쾌하다. 소풍에서 먹방이 빠질 수 없다. 전날 미리 준비해 가져온 반려견용 치킨과 피자를 꺼낸다. 먹기 아까울 만큼 귀여운 닭다리를 텐시가 야무지게 뜯는다. 그 모습이 귀여워 카메라에 담기 바쁘다. 사람에게도, 강아지에게도 평화로운 오후다.

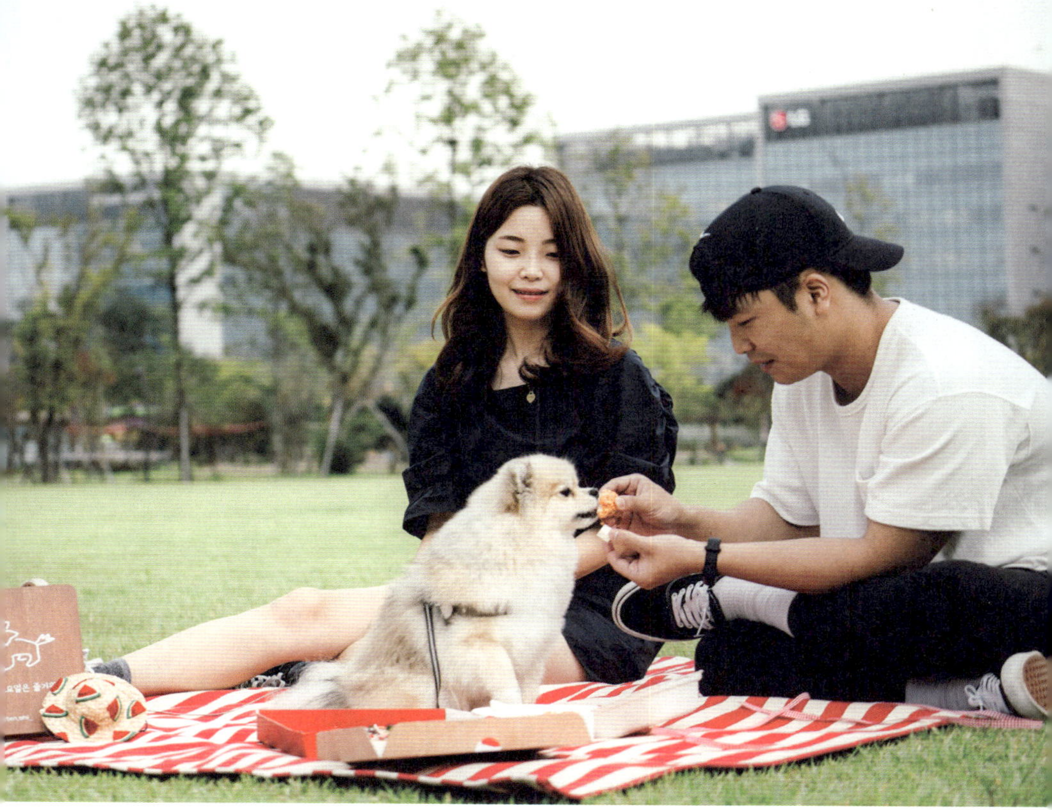

드는 펫티켓
배변봉투 지참
배변봉투를 지참하여
대소변을 깜끔하게
처리해주세요.
반려인 동의 구하기

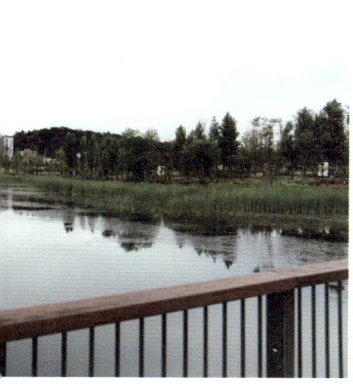

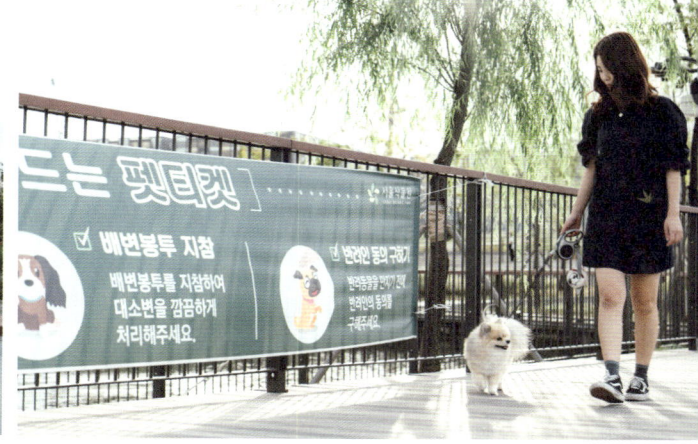

Space 2

삐삐 커피
Pi Ppi Coffee

- 서울시 강서구 강서로54길 93 1층
- 11:00~20:30 (매월 휴무는 인스타그램에 따로 공지)
- 견종, 크기 제한 없이 동반 가능
- 가게 옆 주차장(공간 한정적)
- @ instagram.com/pippi_coffee

노란색으로 포인트를 준 발랄한 인테리어를 보니 기분까지 업 된다. 오늘 이곳을 찾은 이유는 바로 파운드케이크. 앙증맞기 그지없는 색색의 케이크는 시트부터 슈가 아이싱, 토핑, 레터링 등을 입맛대로 골라 주문 제작 가능하다. 물론 사전 예약은 필수. 그 외에도 알록달록한 심슨 도넛, 곰돌이가 올라간 로투스 티라미수 등 톡톡 튀는 디저트들을 만날 수 있다. 삐삐의 또 다른 재미는 그림으로 남기는 방명록이다. 스케치북과 그림일기장, 색연필이 준비되어 있다. 처음에는 쭈뼛쭈뼛하다가도 어느새 예술혼을 불태우는 자신을 발견할 것이다. 여담이지만 이곳에서 특별히 주문 제작한 케이크를 들고 피크닉을 즐긴 날이 있었다. 하지만 그 케이크를 먹지는 못했다고. 잠시 한눈판 사이 텐시가 살포시 즈려 밟고 가버렸으니…….

27

Space
3

코끼리탭룸
Kokiri Tap Room
★예약 필수

📍 서울시 강서구 공항대로 195 힐스테이트에
코동익 101동 1층
🕐 화–일요일 17:00~22:00 / 휴무 월요일
🐾 견종, 크기 제한 없이 동반 가능 / 한 테이블
에 최대 2마리까지 가능 / 반려동물 쿠션 제공
Ⓟ 상가 주차장
@ instagram.com/kokiritaproom

마치 유럽 어느 골목에서 마주한 펍을 연상시킨다. 작아서 더 따뜻하고, 나만 알고 싶은 술집. 한쪽 벽 오렌지색 조명 아래 빔 프로젝터 영화가 돌아가고, 잔잔한 재즈가 차분함을 더한다. IPA와 바이젠 등 신선한 수제 맥주와 쫄깃한 화덕 피자가 입맛을 돋운다. 지난 7월 텐시의 세 번째 생일을 이곳에서 축하했다. 반려견 전용 케이크와 다양한 튀김이 올라간 코끼리 플래터 등을 푸짐하게 차려놓고 온 가족이 축배를 들었다. 반려견 동반은 예약제로 운영되고 있으며, 3시간 이용 가능하다. 반려견의 이름이 쓰인 네임텍과 간식, 물그릇, 쿠션을 미리 준비해준다. 2개의 테이블만 반려견과 함께 이용할 수 있는데, 2인석은 1마리, 4인석은 2마리로 제한한다. 테이블 간격이 넓지 않은 공간에서 반려견이 함께 어울릴 수 있도록 배려한 것이다.

Behind the scene

엄마가 행복하다면
100장 찍어

텐시 일기 : 오늘은 엄마 안경을
물어뜯었다. 그래서 혼났다.

음- 익숙하단 말야
너의 이름은 뭐야?

하남 남양주

애정 표현 확실한 스타일
연하와 둘만의 드라이브

잘 모르면 보이지 않는 법이다. 그래서 우리는 쭈굴쭈굴 눌린 얼굴과 다부진 어깨, 짧은 다리를 가진 그들을 오해하고 있는지도 모른다. 험상궂고 사나울 것이라며 멋대로 치부하면서 말이다. 그들이 사는 세상 속으로 살짝만 들어갔을 뿐인데 애교 넘치는 표정과 찹쌀떡 같은 매력에 푹 빠져 헤어나기 힘들다. 못생겨서 더 귀여운, 순해서 더 억울한 찡코들을 만나러 남양주로 떠나보자.

Companion Dog

연하
2018년생, 10kg
남녀노소 모두에게 순함. 짖지 않음. 분리불안 없음. 이보다 더 완벽할 수 없음.

Guardian

전혜수
가구 쇼핑몰 CEO
미국 생활 10년 경력의 똑 부러진 싱글족

Family Interview.

Q. 우와, 프렌치 불도그(프불)은 처음 봐요. 너무 매력적인데요.
A. 못생긴 거에 빠지면 답이 없는데 큰일 났네요.

Q. 그래서인가요. 프불 키우는 사람들은 유독 프불만 키우는 것 같더라고요. 도대체 프불의 매력은 뭐죠?
A. 우선 성격이 엉뚱해요. 시크해 보여도 주인에 대한 애착이 강한 편이라 항상 저에게 몸을 대고 있죠. 다른 강아지들처럼 총총이 아니라 쿵 하고 묵직하게 다가오는데 안는 맛이 있어요. 활발할 때와 쉴 때 에너지 온오프가 확실해서 아이 상태를 쉽게 알 수 있죠. 사납다고 생각하는 사람들이 있는데 기본 성격은 온순한 편이에요. 연하도 어린 조카나 소형견과도 문제 없이 잘 지내요.

Q. 연하와 함께 생활하면서 어떤 점에 신경을 많이 쓰셨는지 궁금해요.
A. 어릴 때 교육이 중요하다고 생각했어요. 프불은 턱 힘이 좋아서 터그 놀이처럼 밀고 당기는 놀이를 정기적으로 해줘야하는데요. 연하는 한창 이빨이 날 때 사람 손을 깨무는 버릇이 있었어요. 입질이 생길 것을 걱정해 손을 장난감으로 인식하지 않도록 노력했어요. 배변이나 다른 교육은 간식으로 보상해주면 쉽게 익혔는데 이건 좀 힘들었어요. 싫다는 표현을 강하게 하는 게 중요해요. 프불은 똑똑하고 고집이 센 편이에요. 겉으로는 멍청해 보이고 굼뜬 것 같지만 알아듣고도 맘에 안 들면 모른 척 무시하곤 하죠. 그래서 주인과의 유대 관계, 특히 서열 정리가 확실해야 해요. 기싸움에서 이겨야 하는 거죠. 평소에는 연하를 심히 예뻐하지만, 말을 안 들을 때는 무섭게 혼내고 한동안 쳐다보지도 않아요. 연하는 저를 가장 좋아하면서도 가장 무서워해요.

Q. 주말에는 연하와 주로 드라이브를 즐긴다고요.
A. 하루 한 시간씩 집 주변을 산책하는데도 성이 안 차는지 종종 길에 주저앉아 집에 안 간다며 버틸 때가 있어요. 알아보다 남양주로 나가게 된 거죠. 연하가 마음껏 에너지를 발산하고 뛰어놀 수 있는 곳을 찾아 다행이에요. 덕분에 남양주로 향할 때면 저도 설렌답니다. 돌아오는 길 차 안에서 코를 골며 떡실신한 연하를 보면 괜스레 뿌듯해요.

강남에서 생각보다 멀지 않은 데다
연하를 위한 환경이 좋아서 자주 남양주를 찾아요.
집 근처 반려견 카페에 가봤는데 잘 못 놀더라고요.
시간 날 때마다 훌쩍 떠나는 편이라
주로 연하와 둘이 데이트를 즐긴답니다.

DAILY ROUTE
한눈에 보는 코스

우리끼리 신나게
프렌치 불독 스토리 〔차량 5분〕

바람 불어 좋은 풍경 맛집
어나더 피크닉

하남·남양주

COFFEE
댕그라미
- 경기도 남양주시 진접읍 광릉수목원로 150-35 1층
- 월~금요일 11:00~20:30, 토요일·공휴일 11:00~21:30 | 휴무 일요일
- 10kg 이하 반려견 출입 가능
- 가능

COFFEE
더하이브
- 경기도 남양주시 화도읍 월산리 286
- 월~금요일 10:00~21:00, 토·일요일 10:00~22:00
- 견종, 크기 제한 없이 별관 동반 가능
- 가능

COFFEE
오로라베이커리 카페
- 경기도 남양주시 고산로 254
- 매일 10:00~22:00
- 견종, 크기 제한 없이 외부공간 동반 가능
- 가능

COFFEE
하우스플랜트
- 경기도 하남시 덕풍북로6번길 14
- 매일 10:00~22:00 / 휴무 인스타그램(@houseplant.official) 공지
- 견종, 크기 제한 없이 외부공간 동반 가능
- 가능

MEAL
개떼놀이터 남양주
*18kg 초과 반려견은 수·목요일 동반 가능
- 경기도 남양주시 진건읍 사릉로280번길 7
- 매일 11:00~22:00
- 입마개 필수 견종: 진돗개, 허스키, 시바, 도베르만, 동경, 셰퍼드, 풍산개 등
  입장이 어려운 견종: 도사견, 로트와일러, 아메리칸 핏불 테리어, 스태퍼드셔 불테리어, 아메리칸 스태퍼드셔 테리어 등 맹견
- 가능

MEAL
아웃도어키친 한강본점
- 경기도 남양주시 와부읍 경강로 868
- 월~목요일 11:00~22:00, 금~일요일 11:00~23:00
- 견종, 크기 제한 없이 지정 공간 동반 가능
- 가능

MEAL
엠아르
- 경기도 남양주시 화도읍 북한강로 1602-22
- 화~일요일 11:00~21:00 | 휴무 월요일
- 견종, 크기 제한 없이 동반 가능
- 가능

MEAL
카페스토리
- 경기도 남양주시 와부읍 팔당로81번길 74-65
- 월~금요일 11:30~21:00, 토·일요일·공휴일 11:30~22:00
- 견종, 크기 제한 없이 외부공간 동반 가능
- 가능

MEAL
스타필드 하남
- 경기도 하남시 미사대로 750
- 매일 10:00~22:00
- 크기 제한 없이 동반 가능(매장별 출입기준 상이), 리드줄은 1.5m 이내
  입장이 어려운 견종: 도사견, 아메리칸 핏불테리어, 아메리칸 스태퍼드셔 테리어, 스태퍼드셔 불테리어, 로트와일러, 도고 아르젠티노, 필라 브라질레이, 잉글리쉬 불테리어 등
- 가능

Space 1

프렌치 불독 스토리
French Bulldog Story

📍 경기도 남양주시 강변북로 661번길 23
🕐 월~금요일 12:00~19:00, 토·일요일 12:00~20:00 (유동적)
🐶 평일 20kg 이하 모든 견종 입장 가능, 공휴일·토·일요일 프렌치 불독만 입장 가능 / 물그릇, 배변봉투, 장난감 제공
🅿 가능
@ instagram.com/frenchbulldogstory.cafe

약 8천 명의 회원을 가진 인터넷 카페 '프렌치 불독 스토리'에서 운영하는 프렌치 불도그 전용 운동장이다. 줄여서 '프불스.' 2017년 유명 연예인의 반려견 사건 이후 프불들이 갈 곳을 잃자 마음껏 뛰어놀 수 있는 공간을 만들었다. 평일에는 다른 견종도 입장 가능하지만, 주말에는 오직 프불만을 위한 공간이다. 입구에 들어서기도 전에 연하는 이미 헥헥거린다. 기대로 가득 찬 숨소리다. 신기하게도 새로운 친구가 입장해도 아무도 짖지 않는다. 대신 투박하게 다가와 하이파이브를 하듯 쿵 하고 어깨를 부딪친다. 서로 몸을 부딪치며 노는 불도그 특유의 습성이다.

　누구의 눈치도 보지 않고 신나게 쿵쿵거리며 인사하다, 장난감 풍선 쫓다, 단체로 바닥에 드러누워 등을 비비며 온몸으로 기쁨을 표현한다. 우스꽝스러우면서도 사랑스러운 모습에 여기저기서 웃음이 터진다.

　놀이터는 프불 눈높이에 맞춰 설계되었다. 더위에 약한 만큼 여름에는 그늘막을 설치하고, 인조 잔디에 수시로 물을 뿌린다. 전용 수영장은 다리가 짧고 수영을 못하는 신체적 특성을 고려해 낮게 만들었다. 나무와 풀이 자라는 정원은 제초제를 전혀 쓰지 않고 잡초를 직접 손으로 뽑는다. 혹시나 냄새를 맡다 입에 묻거나 몸에 흡수될 수도 있기 때문이다. 샤워와 드라이룸도 마련되어 있어 목욕도 가능하다. 물론 사람을 위한 음료와 간단한 스낵도 판매한다. 이곳을 방문해 즐거운 시간을 보낸 적이 있는 반려견에 한해 호텔링이 가능하다.

Space 2

어나더 피크닉
Another Picnic

- 경기도 남양주시 강변북로632번길 57-1
- 매일 11:00~24:00
- 견종, 크기 제한 없이 동반 가능 (단, 대형견은 입마개 착용)
- 가능
- instagram.com/anotherckc

한강이 한눈에 내려다보이는 탁 트인 뷰, 준비 없이도 피크닉 기분을 낼 수 있는 곳. 500평 잔디에 놓인 테이블은 좌석 간격이 꽤 여유로워 반려견과 함께 이용하는 가족들에게 편안함을 준다. 특히 테라스 끝에 위치한 포토존은 이국적인 풍경의 인증샷을 남길 수 있다. 저녁이면 노을과 서울의 야경이 어우러져 색다른 분위기를 자아낸다. 야외 테라스뿐만 아니라 1층 실내도 반려견 동반이 가능해 날씨에 상관없이 찾을 수 있어 더욱 반갑다. 피맥 전문점으로 피자와 파스타, 핫윙 등을 판매한다. 인기 메뉴를 한꺼번에 즐길 수 있는 세트도 있다. 음식이 나와도 연하는 의젓하다. 흥분하거나 부산스럽게 굴지 않는다. 차원이 다른 묵직함, 이것이야말로 프렌치 불도그의 매력이 아닐까. 바람이 불자 납작한 코를 씰룩이며 크릉크릉 소리를 낸다. 마치 온 감각을 곤두세워 바람을 느끼는 듯하다. 포토존에서 인증샷을 남겨본다. 파란 하늘이 아니어도 함께하는 것만으로 모든 날이 좋다.

Behind the scene

부비적부비적
널 만나 기분이 좋아

드라이클리닝 좀
부탁할게요

엄마, 옷 좀 내려주시게!

커멍이의 미소로 반짝반짝한
휴일 쇼핑 플렉스

"어머, 진짜 귀엽다. 대박!" 200미터가 채 되지 않는 거리를 걷는 동안 몇 번이나 들었는지 모른다. 시선의 끝에는 개 모차에 올라탄 커멍이가 있다. 몰래 군고구마라도 훔쳐 먹은 양 이목구비 쪽만 까만 얼굴에 빼꼼 내민 분홍빛 혀가 가히 치명적이다. 명품 브랜드와 플래그십 숍들이 즐비한 도산대로를 지나 이색 카페와 레스토랑이 어우러진 골목으로 향한다. 패션 1번지답게 자신만의 스타일로 꾸민 멋쟁이들이 가득하다. 커멍이도 자연스레 녹아든다. 이 구역의 힙스터는 나야, 나!

Companion Dog

새커멍
2017년생, 5.6kg
처음 보는 간식도 무서워하는
울트라 겁자 순둥이

Guardian

한승조 & 한혜빈 자매
네일 아티스트 & 파티셰
커멍이로 하나 된 환상의 2인
3각 룸메이트

Family Interview.

Q. 이름이 완전 찰떡인데요. 누가 지어줬나요?

A. 진짜 잘 어울리죠. 사실 커멍이는 지인이 키우던 강아지예요. 그 집 아이들이 새까만 멍멍이라고 해서 새커멍이라고 이름 붙였대요. 1년 정도 키웠는데 안타깝게도 아이들과 잘 지내지 못해서 우리 집에 오게 됐죠. 전부터 여행 갈 때마다 맡아주고 자주 봤던 사이라 다행히 잘 적응했어요. 어느덧 2년이 됐네요.

Q. 다행이네요. 커멍이가 온 뒤로 생활이 많이 달라졌겠어요?

A. 우선 집이 너무 더러워졌어요. 러그 대신 매트를 깔았고요. 사람 집인지 개집인지 헷갈릴 만큼 개 위주의 인테리어와 커멍이 물건들이 한가득이에요. 쉬는 날이면 커멍이와 함께할 수 있는 스케줄을 세우죠. 커멍이가 산책을 잘 못 해서 처음에는 안고 다니다 힘들어서 반려견 전용 유모차도 구입했어요. 몇 가지 렌트해서 써보고 잘 맞는 걸로 선택했는데, 이제는 외출 필수템이에요.

Q. 산책을 잘 못 한다는 게 무슨 말인가요?

A. 커멍이는 산책을 무서워해요. 태어나서 6개월가량 분양 숍 케이지에서만 보냈거든요. 사회화 훈련이 전혀 되어 있지 않은 거죠. 처음에는 아예 걷지도 못하고 침을 막 흘리다 게거품을 물더라고요. 매일 집 앞에 나가 가만히 서 있기만 하다 들어왔어요. 그렇게 세 달쯤 지나니 조금씩 좋아지더라고요. 지금도 어떤 날은 잘 걷고, 어떤 날은 꼼짝도 안 하고, 그날그날 기분에 따라 달라요.

Q. 산책을 무서워하는데 계속 훈련을 한 이유가 있나요?

A. 개는 당연히 산책을 좋아한다고 생각했어요. 바깥세상이 무섭지 않다는 걸 알게 해주고 싶었어요. 커멍이는 산책의 기쁨을 느끼고 우리도 함께 즐길 수 있으면 서로에게 행복한 거라고 믿었죠. 그런데 신기하게도 나가는 건 좋아해요. 자기가 먼저 나가자고 할 때도 많고요. 여행 갈 때 쓰는 이동장을 꺼내면 신나서 어쩔 줄 몰라요. 여행도 많이 다녔어요. 다행히 멀미를 하지 않아서 차, 기차, 비행기 다 잘 타죠. 추억을 기록하려고 유튜브도 시작했어요. '새커멍 Sea Keomong'을 검색하면 엉뚱미 넘치는 일상들을 볼 수 있답니다.

우리 자매는 둘 다 휴일이 같고 특별한
일정이 없는 날은 커멍이와 함께 브런치를 즐겨요.
커멍이는 손이 많이 가지만 이제 없어서는 안 되는
가족이니까 함께 다니는 게 자연스러운 일상이 되었죠.
도산공원 주변은 반려견 동반이 가능한
레스토랑이나 카페도 많고, 식사 후 가벼운
산책까지 할 수 있어 최고예요.

DAILY ROUTE
한눈에 보는 코스

햇살 아래 즐기는 지중해 음식
뷰티 그로서리 도보 3분 » 화려한 도심 속 휴식
도산공원 도보 15분 » 명품 희귀템이 가득한
펫 부티크

펫 부티크

압구정역

선셋스위밍 샌드위치   뉴욕리츠오 베이글스
• 맘마미아
WAKE & BAKE

압구정로데오역

꽁티드 툴레아

리사르커피 청담점

도산공원

청담역

카페 노티드 청담

놀로스퀘어

카멜커피 도산점   뷰티 그로서리

PLUS 추천 장소

강남구

COFFEE
리사르커피 청담점
- 서울시 강남구 도산대로99길 60
- 월-토요일 11:00~19:30 / 휴무 일요일, 명절 당일
- 견종, 크기 제한 없이 외부공간 동반 가능
- 발렛 가능

COFFEE
맘마미아
- 서울시 강남구 압구정로42길 45
- 매일 10:00~23:00
- 견종, 크기 제한 없이 외부공간 동반 가능
- 발렛 가능

COFFEE
카멜커피 도산점
- 서울시 강남구 도산대로45길 16-8
- 매일 10:00~21:00
- 견종, 크기 제한 없이 동반 가능
- 발렛 가능

COFFEE
카페 노티드 청담
- 서울시 강남구 도산대로53길 15 1층
- 매일 09:00~21:00
- 견종, 크기 제한 없이 1층 일부 좌석 및 외부공간 동반 가능
- 발렛 가능

BAGEL
뉴욕라츠오베이글스
- 서울시 강남구 압구정로48길 28
- 월-금요일 08:30~20:00, 토요일 08:00~20:00 / 휴무 일요일
- 소형견에 한해 동반 가능
- 근처 유료주차장(강남구 신사동 646-19)

BRUNCH
꽁티드툴레아
- 서울시 강남구 도산대로49번길 39
- 매일 11:00~22:00
- 소형견 실내, 외부공간 동반 가능 / 대형견 외부공간 동반 가능
- 발렛 가능

BRUNCH
선셋스위밍 샌드위치
- 서울시 강남구 언주로170길 23 1층
- 매일 10:00~22:00
- 견종, 크기 제한 없이 창가 좌석 및 외부공간 동반 가능
- 발렛 가능

BRUNCH
WAKE & BAKE
- 서울시 강남구 압구정로42길 47
- 매일 11:00~22:00
- 소형견에 한해 외부공간 동반 가능
- 발렛 가능

MULTIPLEX
놀로스퀘어
- 서울시 강남구 삼성로133길 7
- 매일 10:00~19:00
- 견종, 크기 제한 없이 동반 가능
- 발렛 가능

Space 1

뷰티 그로서리
Beauty Grocery

- 서울시 강남구 압구정로46길 77
- 월~토요일 10:30~21:00 (Last Order 18:00) / 휴무 일요일
- 견종, 크기 제한 없이 외부공간 동반 가능
- 발렛파킹 가능
- @ instagram.com/positive hotel_official

화장품 숍이 아니다. 'Eat Positive, Look Positive'라는 슬로건을 내세운, 푸드 큐레이션 브랜드 파지티브 호텔에서 운영하는 레스토랑이다. 몸의 밸런스를 돕는 지중해 식단을 표방하는데, 상상 이상으로 다양한 음식 종류에 놀라고 푸짐한 양에 또 한 번 놀란다. 대표 메뉴 샐러드볼은 귀리, 퀴노아, 병아리콩, 햄프시드 등 슈퍼 곡물이 아낌없이 들어가 채식 한 끼 식사로도 손색이 없다. 무항생제 닭고기와 연어를 추가할 수도 있다. 친환경 재료로 만든 빨대와 올리브 재배 과정에서 화학비료를 사용하지 않은 올리브오일 등 곳곳에서 착한 철학을 엿볼 수 있다. 야외 테라스에 한해 반려견 동반이 가능한데, 좌석이 많지 않으니 참고하자. 대여섯 개의 2인 테이블과 혼밥하기 좋은 바 좌석이 놓여 있고, 반려견을 위한 울타리 공간도 따로 있다. 점심시간보다 조금 일찍 왔는데도 거의 만석이다. 몸에 좋은 음식을 먹으며 열심히 살아온 한 주를 칭찬한다. 집에서 매일 보는데도 음식이 바닥을 드러내고도 오래도록 자매의 수다가 이어진다. 그 옆에서 커멍이도 귀를 쫑긋하며 광합성을 한다.

Space 2

도산공원
Dosan Park

📍 서울시 강남구 도산대로45길 20

청담동이 화려하게 반짝이는 빌딩으로만 가득했다면, 반려가족에게 외면당했을지 모를 일. 반려견과 산책할 수 있는 도산 공원이 있어 커멍이 가족의 마음은 한결 여유롭다. 이곳은 도산 안창호 선생을 추모하는 공원으로 기념관과 동상, 묘소가 있다. 정문 앞 은행나무길은 안창호 선생이 미국 로스앤젤레스 인근의 리버사이드에서 독립운동을 한 것을 기려 '리버사이드길'이라 부른다. 나지막한 담장으로 둘러친 공원은 기념관을 제외하곤 상시 개방한다. 도심 속 휴식처로 평일 점심시간에도 잠시 콧바람을 쐬러 나온 인근 직장인들로 붐빈다. 약 3만 제곱미터로 넓지는 않지만 키 큰 나무들이 우거지고 화단이 있어 신록을 만끽하기에 충분하다. 흙으로 덮인 공터에 커멍이를 잠시 내려놓는다. 이내 냄새를 맡고 볼일을 보며 곧잘 돌아다닌다. 이 정도면 오늘 산책 컨디션은 최상이다.

Space 3

펫 부티크
Pet Boutique

> 📍 서울시 강남구 압구정로 343
> 🕐 월~목요일 10:30~20:00, 금~일요일 10:30~20:30
> 🐾 펫 부티크 견종, 크기 제한 없이 동반 가능 / **갤러리아 백화점** 견종, 크기 제한 없이 유모차나 가방 이용 시 동반 가능 (지하1층 식품관 GOURMET 494 제외)
> 🅿 백화점 주차장 이용
> 📷 instagram.com/galleria_petboutique

갤러리아 백화점 웨스트 1층에 위치한 프리미엄 반려견 용품 숍이다. 세계 각국의 럭셔리 브랜드를 모아놓은 편집숍으로, 다른 곳에서 보기 힘든 제품들이 많다. 에르메스 가죽 목줄, 폴로 랄프로렌 티셔츠 등 유명 브랜드나 디자이너와 컬래버레이션한 아이템도 만날 수 있다. 이탈리아 유명 화장품 브랜드 산타마리아노벨라에서 출시한 드라이 샴푸가 눈에 들어온다. 테스트도 가능해 새커명이에게 사용해보니 은은한 향이 마음에 와 닿는다. 추석을 앞두고 고운 한복에도 자꾸만 손이 간다. 열심히 일을 해야 할 이유가 또 하나 생겼다. 또한 갤러리아 백화점을 이용하는 반려가족에 한해 반려견을 2시간 동안 맡아주는 데이케어 서비스를 무료로 제공한다.

Behind the scene

안녕하세요
유모차 마중 나온 커멍이에요

낮잠 시간이에요
한숨 잘게요

나에게 또 커멍해. 바이!

PART 2

소소하게 소중하게
도심 산책

캐롤

춘심

가루

Column of Part 2

도시 구성원 모두가 편안한 도심 산책

권혁필 훈련사

반려견과 함께 살아가고 있는 분들이라면 반려견을 입양하기 전에 한 번쯤 이런 상상을 해봤을 것입니다. 반려견과 함께 한가로이 동네를 거니는 모습을 말입니다. 따스한 햇살을 맞으며 반려견과 함께 산책을 하다가 잠시 공원 벤치에 앉아 휴식을 취하는 그런 시간을 상상하면 세상이 온통 평온할 것만 같습니다.

> **반려견과 함께** 살아가고 있는 지금, **여러분의 모습은** 어떠신지요?

입양 전에 상상했던 모습이 현실에서도 잘 이루어지고 있는지 궁금합니다. 또한 저는 보호자들에게 묻고 싶습니다. 어떤 것이 과연 올바른 산책인지를 말입니다. 하루 세 번 이상 산책을 나가는 것이 좋은지, 한 번 산책을 나가면 몇 시간씩 즐기다 오는 것이 좋은지, 길에서 만나는 수많은 반려견들과 인사를 해야 하는지, 긴 리드줄이 짧은 리드줄과 목줄보다 좋은지 말입니다. 이런 것들을 묻다니 의아할 것입니다. 오히려 전문가가 알려주어야 하는 것이 아닌가하고 생각할 테니까요. 저는 견훈련사로서 반려견을 교육하고 양성하고, 보호자를 지도하는 일을 하는 사람입니다. 사람들은 저를 전문가라고 하지만 아마 평생 배우고, 경험하고, 공부해도 개에 대해 모르는 게 많을 것 같습니다. 너무나도 많은 견종이 존재하고 개체별로 기질과 성품이 천차만별이니까요.

저는 견훈련의 스펙트럼을 폭넓게 쌓고 싶어서 한때는 동물권단체에서 구조된 유기견들의 사회화 훈련도 했습니다. 유기견 입양 가정을 방문해 반려견이 새로운 환경에서 잘 적응할 수 있도록 보호자들에게 조언을 해주는 일을 한 적도 있습니다. 그 시절 많은 것을 느꼈는데, 특히 '산책'에 관해서는 무척 조심스러웠습니다. 입양된 반려견들의 기질과 성품이 각양각색이었기 때문입니다. 산책을 두려워해서 집 밖으로 나가지 않는 개들도 있고, 낯선 개를 보면 흥분해서 달려드는 개들도 있고, 특정 성별이나 외모를 지닌 사람에게만 지나친 경계심을 보이는 개들도 있습니다. 입양된 반려견의 건강 상태나 나이도 천차만별이었습니다.

> **반려견의 특성과 보호자의 라이프스타일**을 조율해 **산책을 패턴화**하세요.

대부분의 보호자들은 반려견과 함께 한적한 교외보다 복잡한 도심 산책을 주로 할 것입니다. 조용하고 한적한 곳에서 반려견과 함께 살아가고 싶은 마음은 굴뚝같지만 그럴 수 없는 현실이 못내 아쉽게만 느껴지죠. 하지만 반려견과 함께하는 산책은 '환경 요인'보다 '사회적 요인'이 더욱 중요합니다. 바로 반려견과 보호자의 유대 관계입니다. 아무리 좋은 환경에서 살아가는 반려견도 보호자와 좋은 관계를 형성하지 못하면 산책이 편안하지 않을 테니까요.

또 하나 중요한 것은 반려견의 '기질과 성품'을 고려한 산책이 되어야 한다는 점입니다. 기질적으로 예민하고 겁이 많은 반려견이 장시간 산책을 자주 하면서 다양한 상황들을 마주친다면 오히려 경계심이 더 커질 수도 있습니다. 산책 시간, 빈도가 아니라 반려견이 산책을 어떻게 느끼고 있는지 한 번쯤 생각해보시길 바랍니다. 또한 산책은 반려견과 보호자가 함께 걷는 시간입니다. 그렇기 때문에 온전히 반려견에게만 주어지는 자유 시간이 되어서는 안 된다고 생각합니다.

산책이 반려견만의 자유 시간이라면 반려견의 행동들이 나에게는 좋아 보일지 몰라도, 타인에게는 매너 없는 행동으로 보일 수 있습니다. 아무 데나 대소변을 보고, 인도에서 줄을 길게 잡고 걷는 모습처럼 말입니다. 산책을 한 번에 몇 분, 하루에 몇 회, 몇 시쯤에 해야 하는지는 중요하지 않습니다. 기억해두세요. 반려견의 기질과 성품을 고려한 산책, 그리고 보호자와 함께하는 산책 시간을 만들어나가는 것이 가장 중요합니다.

즐거운 도심 산책을 위해 6가지부터 알아두세요!

1 리드줄의 길이

리드줄은 반려견과 보호자를 이어주는 물리적인 줄입니다. 하지만 무엇보다 반려견의 안전을 지켜주는 줄이며, 반려견과 보호자 사이에 소통의 줄이기도 합니다. 반려견의 시야각은 통상적으로 250도 내외이기 때문에 보호자의 옆이나 45도 정도 앞서서 보행해야 보호자의 움직임을 볼 수 있습니다. 그러려면 리드줄의 길이는 2미터 이내가 적당합니다. 2미터가 넘는 긴 리드줄은 보행이 아닌 반려견이 풀밭에서 후각 활동을 할 때 사용하면 좋습니다. 또한 긴 리드줄은 리콜(이리 와) 교육을 하기에도 아주 좋습니다.

2 배변 에티켓

도심지 산책에서 배변 에티켓은 어떤 것을 이야기하는 걸까요? 반려견과 함께 산책할 때면 보행로도 걷게 되고, 횡단보도를 건널 때도 있고, 풀밭을 지나갈 때도 있습니다. 사람이든 동물이든 생리적인 현상과 욕구는 실외에서도 발동하게 마련입니다. 반려견은 과연 어디에서 대소변을 보아야 하는 걸까요? 저는 풀밭이나 낙엽 더미 등이 있는 장소라고 생각합니다. 대변은 배변봉투로 치우면 되지만 소변은 그럴 수 없기 때문에 더더욱 신경 써야 합니다. 풀밭 등이 아닌 장소에 소변을 보았다면 물을 부어주는 것이 에티켓입니다. 성숙한 반려견 문화는 보호자가 만들어가는 것입니다.

3 후각 활동

흔히 노즈워크라고 알려진 후각 활동은 반려견의 지극히 본능적인 행동입니다. '개는 후각의 세계에 살고 있다'는 말이 있을 정도로 산책을 나온 반려견들이 가장 집중해서 하는 행동이 바로 후각 활동입니다. 그러나 도심지 산책에서는 자동차, 낯선 사람, 길고양이, 킥보드, 공사장의 큰 소음 등 보행 시에 신경 써야 할 것들이 많은데요. 그런 상황에서 걸어가며 후각 활동을 하면 돌발 상황에 대처하는 능력이 떨어져서 과잉 행동을 보일 가능성이 높습니다. 또한 아무 곳에나 소변을 보는 행동도 늘어나게 되죠. 이동 중에는 후각 활동을 최소로 하고 지정된 장소에서 더 집중할 수 있도록 해주세요.

4 낯선 반려견과의 만남

도심 산책을 하다 보면 정말 수많은 반려견들과 마주하게 됩니다. 넓은 공원에서 만나기도 하지만 외나무다리처럼 협소한 보행로에서 마주 오는 낯선 반려견들도 종종 있습니다. 반려견과 함께 살아가는 많은 보호자들이 흔히 그런 생각을 많이 하는 것 같습니다. 반려견들도 서로 인사를 시켜주어야 친구를 사귀고 사회성을 기를 수 있다고 말이죠. 그러나 보호자들이 간과하는 것이 있습니다. 개는 공인된 견종만 해도 약 350종이 넘고, 1킬로그램에서 50킬로그램에 육박하는 반려견까지 다양하다는 것입니다.

견종이 다른 만큼 기질과 성향 또한 너무나 다릅니다. 호전적인 기질을 가진 대형견은 유순한 기질의 소형견에게 두려움과 공포의 대상이 될 수도 있습니다. 반대의 기질일 수도 있고요. 또한 노령견이나 예민하고 겁이 많은 반려견은 자신에게 적극적으로 다가오는 낯선 반려견이 경계의 대상일 뿐입니다. 반려견들 간의 인사는 보행 중이 아닌 후각 활동을 할 수 있는 넓은 장소에서 할 것을 권합니다.

5 도심 생태계의 동물들

도심 생태계에는 수많은 종의 동물들이 어우러져 살아가고 있습니다. 길고양이, 비둘기, 토끼, 오리, 물고기, 청설모, 쥐 등 포식성이 강한 동물도 있고 유순한 초식동물도 공존하죠. 반려견은 개과 동물로서 포식성이 강한 동물에 속합니다. 특히 몇몇 견종들은 다른 견종들에 비해 포식성이 아주 강하게 나타나기도 합니다. 그렇기에 반려견의 유년기 시절부터 교육을 해주어야 합니다. 도심 생태계에서 반려견이 마주칠 수 있는 많은 종의 동물들에 대한 둔감화 교육을 말입니다. 배변봉투 외에도 훈련용 간식이나 클리커 등을 챙겨 나가는 것이 아주 중요합니다.

6 지속적인 사회화

반려견의 사회성은 사회화기(생후 4주~12주)에 급격히 발달한다고 하지만, 사회성이란 성견이 되어서 퇴화될 수도 있고 다시금 좋아질 수도 있습니다. 낯선 개들에 대해 우호적인 태도를 보이는 반려견이라 할지라도, 특정 견종에게 공격을 당했다거나 특정 외모를 지닌 사람에게 위협을 당하는 등 좋지 않은 경험은 사회성에 영향을 미칩니다. 사회성이란 본래 타고나는 영향도 크지만, 후천적 경험과 학습으로 형성되는 부분도 큽니다. 가끔 반려견과 함께 여행을 떠나는 것을 권합니다. 꼭 긴 여행일 필요는 없습니다. 영역성이 강한 반려견에게 익숙한 집과 동네를 벗어나 낯선 장소에서 시간을 보내는 것은 크나큰 모험과 경험이 될 것입니다. 더욱이 보호자와의 유대 관계 형성에도 이로울 것입니다. 도심 산책에서는 울타리 등으로 막혀 있지 않고 테이블과 의자 등이 없는 넓은 풀밭을 권합니다. 그런 장소라면 개들도 긴장을 덜 느낄 것이고, 의자나 테이블 등이 없으니 과잉 경계를 할 필요도 없을 것입니다. 도시 구성원 모두가 편안한 도심 산책, 이제부터 시작해보세요.

훈련사 권혁필 _반려견 아카데미 에듀펫 대표

연성대학교 반려동물과 겸임교수, 사단법인 한국애견협회 반려동물관리 분과위원장을 맡고 있다. 저서로 《나이 든 반려견을 돌보는 중입니다》, 《반려견을 키우는 사람이라면 꼭 알아야 할 42가지》, 《쫑이가 자꾸 왜 그러지?》가 있다.

용산구

차가운 도시 속 따뜻한 캐롤이 들리는
산책로

나이를 먹을 만큼 먹었어도 크리스마스는 여전히 설렌다. 이제 산타를 믿지는 않지만 가끔 기적 같은 선물이 찾아오기도 한다. 3년 전 크리스마스이브, 집에 가자 하며 잡은 줄이 보이지 않는 운명의 붉은 실이었던 것처럼 말이다. 내민 손 위에 얼굴을 올려놓기까지 1년, 쓰다듬어 달라며 애정 표현을 하기까지 또 1년이 걸렸다. 느릿느릿 마음의 문이 열리는 시간만큼 캐롤과의 하루하루도 더 돈독해지는 중이다.

Companion Dog

캐롤
2018년생, 10kg
배려심 짱!
몸이 불편한 친구도 잘 챙겨주는
다정다감 마더 캐레사

Guardian

에이프릴
싱어송라이터
낮과 밤이 바뀐 아티스트 부부

Family Interview.

Q. 캐롤, 뮤지션의 반려견다운 이름이네요.

A. 우리가 처음 만난 날이 크리스마스이브였거든요. 누군가에게 아름다운 노래가 되어주기를 바라는 마음에서 '캐롤'이라고 지었어요. 옆 동네 지인이 임시보호를 하던 유기견이었는데, 3일만 맡아달라고 해서 데려왔다가 엉덩이를 붙였답니다. 캐롤과 함께 하는 저희 집은 이제 매일이 크리스마스예요.

Q. 동네에 친한 사람들이 많은가 봐요. 지나가는데 사람들이 캐롤을 딱 알아보던데요.

A. 17년째 살고 있지만 캐롤이 오기 전까지는 동네 친구도, 단골 가게도 없이 그림자의 그림자처럼 살았어요. 낮에 자고 밤에 활동하는 패턴인데다 제가 낯을 많이 가리거든요. 그런데 캐롤이랑 산책 다니면서 완전히 바뀌었어요. 개 키우는 분들과 자연스럽게 인사도 하고, 선 채로 수다도 떨고요. 예전의 저라면 상상도 할 수 없는 일이에요. 자주 가는 카페는 이제 친구 집에 놀러 가는 기분이 들어요. 카페 사장님과 캐롤이도 많이 가까워졌고요. 영업 시간이 아니라도 들르라고 하신답니다.

Q. 산책을 하루에 두세 번씩 다닌다니 캐롤이 효녀네요. 덕분에 엄마, 아빠 운동도 하고요.

A. 캐롤이를 만나면서 몇 년 만에 처음으로 선크림을 샀다면 믿어지나요. 저와 배우자 둘 다 낮과 밤이 완전 바뀐 야행성이거든요. 웬만해서는 낮에 약속을 잡지 않을 만큼 해가 있을 때는 거의 외출을 하지 않았어요. 지금은 하루 세 번, 아침에는 짧게, 낮에는 3~4시간, 저녁에는 1시간 정도 꼬박꼬박 산책해요. 시간이 흘러 언젠가 지금처럼 길게 산책하지 못하는 날도 오겠죠. 그때는 이 순간을 추억하며 느릿느릿 동네를 걷지 않을까요.

Q. 최근 나온 노래 '귀여워', '도도도도'를 들으면 음악적으로도 캐롤이 영향을 많이 받은 것 같아요.

A. 하늘 가득 구름이 낮게 깔린 날씨를 좋아해요. 햇살이 바로 내려오는 날보다 훨씬 더 선명하게 보이는 것들이 많거든요. 그런 노래를 만들고 싶었어요. 슬픈 노래는 아니지만 듣고 있으면 왠지 코끝이 찡해지는. 그런데 캐롤이를 입양하고 나서는 매일 너무 신나고 하루 온종일 웃는 바람에 음악도 조금 변화가 생긴 것 같아요. '귀여워'만 해도 그래요. 사실 그 단어를 별로 안 좋아했어요. 습관처럼 진심 없이 그냥 하는 말로 느껴졌거든요. 그런데 캐롤이를 바라보면서 그 단어를 대신할 말이 없다는 생각이 들었어요. 그래서 노래 속에 그 귀여움을 마음껏 표현했답니다.

한남동은 반려견과 산책하기 불편하다고 생각하는 사람들이 많아요. 도로도 좁고 언덕이랑 계단이 많거든요. 하지만 한강공원이나 남산이 가까이 있어 조금만 눈을 돌리면 좋은 산책 코스가 있답니다. 산책을 오가며 쉴 수 있는 공간도 많고요. 다양한 사람들이 모여 사는 동네여서 대형견이나 믹스견에 대한 편견이 적은 것도 매력이에요.

DAILY ROUTE
한눈에 보는 코스

계절을 만끽하는 방법
남산 야생화공원

도보 40분
(차량 12분)

따뜻하개 어서오개
아하오호

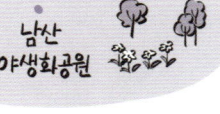

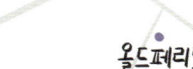

남산 야생화공원

한강진역

울프 소셜 클럽

올드페리도넛

Summer Lane

커피 냅로스터스

33 apartment

앤트러 사이트 한남점

원인어 밀리언

아하오호

Homer Pizza

이태원 역

샐러드 셀러

DONO

한남동 주민센터

아이라이크 마운틴

용산구

> COFFEE

33apartment
- 서울시 용산구 한남대로27길 33 1층
- 월~금요일 09:00~18:30, 토·일요일 09:00~19:00
- 견종, 크기 제한 없이 동반 가능
- 한강진역 공영주차장

> COFFEE

앤트러사이트 한남점
- 서울시 용산구 이태원로 240
- 월~목요일 09:00~22:00, 금요일 09:00~23:00, 토·일요일 10:00~23:00
- 견종, 크기 제한 없이 동반 가능
- 한남동 공영주차장 혹은 블루스퀘어 주차장

> COFFEE

올드페리도넛
- 서울시 용산구 한남대로27길 66 2층
- 매일 11:00~21:00 / 휴무 화요일
- 견종, 크기 제한 없이 동반 가능
- 한강진역 공영주차장

> COFFEE

커피냅로스터스
- 서울시 용산구 이태원로 244 트윈빌딩
- 매일 11:00~21:00
- 견종, 크기 제한 없이 동반 가능
- 한남동 공영주차장 혹은 한남유수지공영주차장

> BRUNCH

아이라이크마운틴
- 서울시 용산구 대사관로6가길 9
- 매일 10:00~19:00 / 휴무 화요일
- 견종, 크기 제한 없이 동반 가능
- 한남동 공영주차장

> BRUNCH

울프소셜클럽
- 서울시 용산구 한남대로 158
- 매일 12:00~19:00
- 견종, 크기 제한 없이 동반 가능
- 한강진역 공영주차장

> BRUNCH

원인어밀리언
- 서울시 용산구 이태원로54길 31
- 월~토요일 11:00~23:00, 일요일 11:00~22:00
- 견종, 크기 제한 없이 동반 가능
- 한강진역 공영주차장

> BRUNCH

Summer Lane
- 서울시 용산구 이태원로55가길 49 1층
- 매일 07:30~18:00
- 견종, 크기 제한 없이 동반 가능
- 한남동 공영주차장 혹은 오전 10시 이후 발렛 가능

> MEAL

샐러드셀러
- 서울시 용산구 대사관로5길 28
- 화~토요일 11:00~21:00 (Break Time 주중 15:00~16:30) / 휴무 일·월요일
- 소형견에 한해 동반 가능
- 한남동 공영주차장

> MEAL

DONO
- 서울시 용산구 이태원로 54길 63
- 매일 12:00~22:00 (Break Time 주중 15:00~17:00, 주말 15:00~16:00) / 휴무 화요일
- 견종, 크기 제한 없이 동반 가능
- 가게 앞 2대 가능

> MEAL

HOMER PIZZA
- 서울시 용산구 대사관로5길 28
- 월~금요일 17:00~21:00, 토·일요일 13:00~21:00
- 견종, 크기 제한 없이 동반 가능
- 한남동 공영주차장

Space 1

남산 야생화공원
Namsan Park

📍 서울시 용산구 소월로 323
(야외식물원)

　남산을 그렇게 많이 오르면서도 몰랐다. 산자락에 이런 야생화공원이 있는 줄은 말이다. 캐롤이를 만나 정상이 목적이 아닌 과정을 즐기는 법을 배웠다. 우리가 좋아하는 길은 야생화공원에서 야외식물원까지 한 바퀴 도는 코스다. 1994년 외인아파트가 철거된 자리에 조성된 야생화공원에는 약 180여 종의 야생화가 심어져 있다. 전국의 소나무를 모아놓은 팔도소나무단지와 사시사철 푸른 죽림원도 함께 둘러보면 좋다. 단, 공원 내 매점이나 편의점이 없으니 마실 물과 간식은 준비해 가야 한다.

　늦가을 단풍길을 걸으며 정취에 취해본다. 사람이 없는 공터를 찾아 캐롤이 가장 좋아하는 잡기 놀이를 한다. 캐롤의 표정을 살펴보면 잡기 놀이를 할 때와 안 할 때가 확연히 다르다. 신나게 뛰놀고 나면 실개천이 흐르는 이끼정원에 앉아 잠시 쉬어 간다. 칼림바를 꺼내 떠오르는 선율을 연주해본다. 은구슬 굴러가는 소리에 맞춰 캐롤이의 귀가 펄럭인다. 뭔가 알아듣는 듯 쫑긋쫑긋하는 모습에 또 외치고 만다. 귀여워!

Space 2

아하오호
Ahaoho

- 서울시 용산구 독서당로20길 1-8 1층
- 월~토요일 09:00~20:00, 일요일 09:00~19:00
- 5개월 이상 성견에 한해 견종, 크기 제한 없이 동반 가능 / 반려동물 물그릇 제공
- 한남유수지공영주차장 이용
- instagram.com/ahaoho_official

캐롤이의 카페 라이프는 아하오호를 만나기 전과 후로 나뉜다. 예전에는 캐롤이가 어떤 장소를 좋아하는지, 아니 좋아하는 공간이 따로 있기나 한 것인지 알지 못했다. 그저 반려견 동반이 가능한 곳을 함께 다녔을 뿐이다. 다른 카페는 휙 지나치는 캐롤이 이곳 근처에서는 리드줄을 느슨하게 풀어주면 알아서 척척 계단을 올라 입구에서 기다린다. 캐롤이가 이곳을 좋아하는 이유를 짐작해본다. 테이블 4개가 전부인 아담한 공간, 소란하지 않은 실내, 편안하게 반겨주는 주인장 부부, 은은한 커피 향까지. 문을 들어서자 캐롤이는 카페 중앙 바닥에 자리를 잡는다. 다른 카페에 가면 입구 쪽만 바라보는 것과 달리 아하오호에서

는 유일하게 안을 보면서 휴식을 취한다. 별일 없는 한 거의 매일 이곳을 찾는다. 둘만의 아지트인 셈이다. 사실 반려견 동반 불가여도 이곳을 찾았을 만큼 커피가 맛있다. 특이하게도 매번 사용하는 원두가 다른데, 오랜 로스터 경력을 지닌 주인장이 국내외 스페셜티 원두를 선정해서 소개해준다. 본연의 맛을 느낄 수 있는 핸드드립 필터 커피를 추천한다. 매일 매장에서 직접 굽는 디저트도 빼놓을 수 없다. 특히 스콘은 진열하기 무섭게 품절되니 참고할 것.

Behind the scene

언니 친구가 아직 안 와요
우리 같이 가요

뛰어놀 땐 신나게 뛰고
쉴 땐 확실히 쉬지요

서대문구

춘심이 미소 따라 발견한
작고 빛나는 골목

횡단보도를 사이에 두고 연남동과 마주하고 있는 동네. 북적임 대신 고즈넉한 여유가 흐르는 연희동만의 느낌이 있다. 동쪽으로는 안산이, 서쪽으로는 홍제천이 자리 잡고 도심 속 자연을 선사한다. 좁다란 골목을 따라 주택들이 모여 있고 구석구석 아기자기한 카페와 공방들이 숨어 있다. 식빵을 닮은 엉덩이가 매력적인 춘심이를 따라 연희동 탐방에 나선다. 씰룩씰룩, 앙증맞은 뒤태에 자꾸만 시선을 뺏긴다. 오늘만큼은 길을 헤매도 즐겁다.

Family Interview.

Companion Dog

춘심
2018년생, 8.3kg
세상 모든 것이 좋은 호기심쟁이 개너자이저
어울리지 않게 천둥번개를 무서워한다

Guardian

임영근 & 박진호 부부
기획, 홍보 & 콘텐츠 기획자
연애 9년, 결혼 2년 차 알콩달콩 신혼부부

Q. 춘심이 성격이 정말 좋아요. 처음 보는데도 낯을 안 가리고 꼬리 치고 반겨주네요.

A. 사람을 엄청 좋아해요. 처음 만나는 사람한테도 애교 잘 부리고요. 친구들도 춘심이를 보려고 우리 집에 자주 놀러 와요. 우리 부부가 여행 간다고 하면 봐주겠다는 펫시터 이모들이 줄을 섰답니다.

Q. 개린이 티가 팍팍 나네요. 어릴 때부터 키우신 거예요?

A. 아니요. 누가 키우다 7개월 때 못 키우겠다고 파양했어요. 어린 나이에 보호소로 가게 될 춘심이 사연을 우연히 듣고 저희가 데려왔어요.

Q. 다 큰 웰시코기를 데려와야겠다고 마음먹기가 쉽지 않았을 텐데요.

A. 결혼 전 친정에서 푸들을 키우기는 했지만 중형견을 키워본 적도 없고 웰시코기에 대해서도 잘 몰랐어요. 그런데 춘심이를 보고 딱 데려 와야겠다는 생각이 들었어요. 처음에는 우여곡절이 많았어요. 털도 상상 이상으로 빠지는 데다 장판도 다 물어뜯고. 그래서 넘치는 에너지를 풀어주기 위해 노력했어요. 출근 전 새벽 산책을 하고, 늦게 퇴근하더라도 밤 산책을 꼭꼭 하고요. 폭우나 폭설이 내리지 않는 한 하루 2시간은 꼬박꼬박 산책해요. 주기적으로 반려견 운동장을 방문해 신나게 뛰게 하고, 집에서는 노즈워크 용품으로 충분히 놀게 하니 다행스럽게도 지금은 장판이 말짱해요.

Q. 춘심이가 온 뒤로 두 분에게는 어떤 변화가 있었나요?

A. 부지런해졌어요. 매일매일 청소와 산책이 일상이 됐어요. 그리고 모든 것이 춘심이 위주가 됐고요. 전에는 우리 둘이 해외 여행도 많이 다녔는데, 춘심이가 온 뒤로는 웬만하면 국내 여행을 해요. 특히 강릉이나 양양 쪽을 자주 가는데요. 반려견 전용 해변이 있고, 동반 가능한 카페와 식당도 많아 선택지가 넓은 편이에요. 최근 다녀온 강릉의 세인트존스 호텔은 춘심이와 같이 오션뷰를 누릴 수 있어 너무 좋았답니다.

Q. 춘심이의 매력을 하나만 꼽자면? 웰시코기 하면 역시 엉덩이인가요?

A. 물론 엉덩이도 귀엽지만 춘심이는 표정이요. 원래 아빠바라기였는데, 최근 코로나로 제가 재택근무를 하면서 엄마쟁이가 됐어요. 책상에서 작업을 하고 있으면 가만히 다가와 제 팔에 자기 얼굴을 올리고 빤히 쳐다봐요. 엄청 묵직해서 팔이 아프지만 너무 사랑스러워요.

연희동은 굉장히 펫프렌들리한 동네예요.
강아지랑 다니다 보면 먹고 싶은 것보다는
반려견 동반 가능한 곳으로 가게 되잖아요.
하지만 이 주변은 춘심이를 데리고 갈 수 있는
가게들이 많고 음식 종류도 다양해서
산책을 하다 뭐 먹고 싶다 하면 바로 갈 수 있어요.
대부분 걸어서 갈 수 있다는 것도 장점이고요.

DAILY ROUTE
한눈에 보는 코스

물길 따라 시원한 폭포까지
홍제천 》 도보 24분

아늑하게 브런치
희게 》 도보 6분

배려가 넘치는 공간
래핑폭스

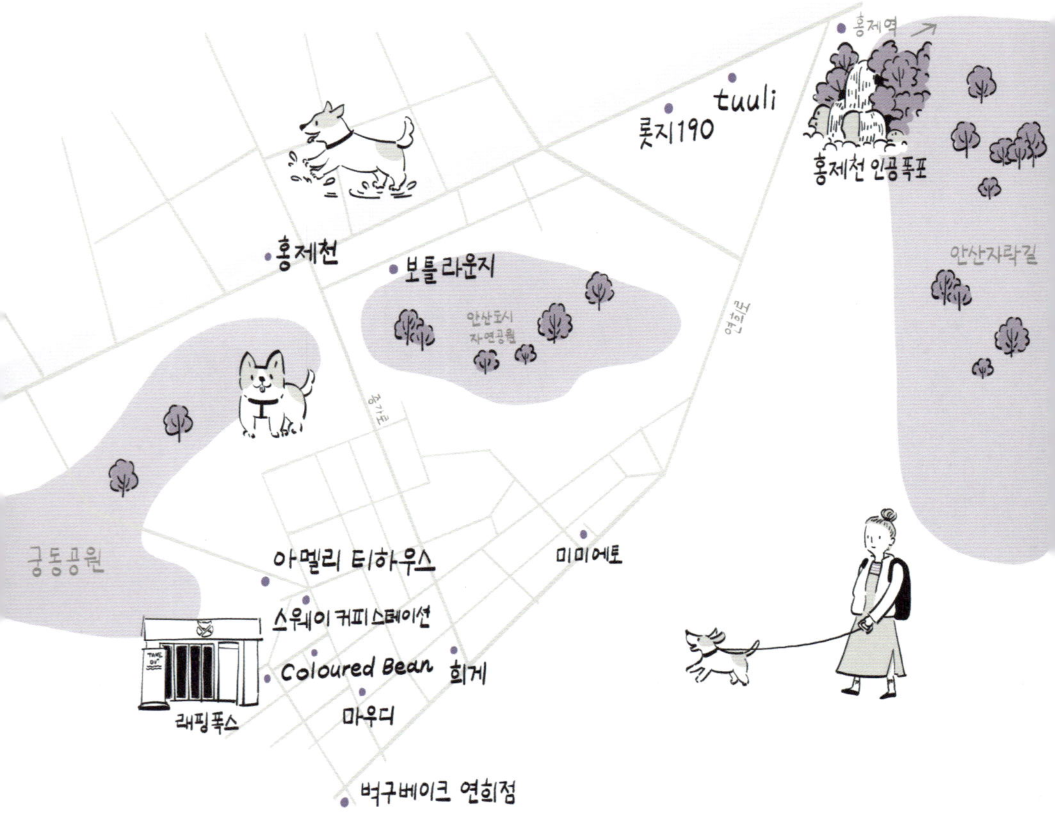

서대문구

COFFEE
롯지190
- 서울시 서대문구 홍제천로 190
- 수~일요일 12:00~21:00 / 휴무 월·화요일
- 견종, 크기 제한 없이 동반 가능
- 연희동 제1공영주차장

COFFEE
미미에토
- 서울시 서대문구 연희로 153-4
- 매일 11:30~22:00
- 견종, 크기 제한 없이 동반 가능
- 가게 앞 3대 가능

COFFEE
보틀라운지(보틀팩토리)
- 서울시 서대문구 홍연길 26
- 화~일요일 10:00~22:00 / 휴무 월요일
- 견종, 크기 제한 없이 동반 가능
- 연희동 제6공영주차장

COFFEE
스웨이 커피스테이션
- 서울시 서대문구 연희로11길 61
- 매일 11:00~22:00
- 견종, 크기 제한 없이 테라스와 연결된 창가 좌석에 한해 동반 가능 (켄넬 이용 시 실내 동반 가능)
- 건물 옆 2대 가능, 주차 후 가게에 알림

COFFEE
Coloured Bean
- 서울시 서대문구 연희로11가길 8-8
- 월·수~금요일 09:00~19:00, 토·일요일 10:00~21:00 / 휴무 화요일
- 견종, 크기 제한 없이 동반 가능
- 사러가 민영주차장

COFFEE
tuuli
- 서울시 서대문구 홍제천로 198
- 금~화요일 12:00~19:00 / 휴무 수·목요일
- 견종, 크기 제한 없이 동반 가능
- 서대문구청 주차장

TEA HOUSE
아멜리 티하우스
★100% 예약제, 1층 단독 이용
- 서울시 서대문구 연희로11마길 8
- 주말 및 공휴일만 운영
- 소형견에 한해 동반 가능
- 예약 1팀당 주차 1대 가능

MEAL
마우디
- 서울시 서대문구 연희로11길 18
- 매일 11:30~21:30 (Break Time 주중 15:00~17:00)
- 중·소형견에 한해 동반 가능
- 브라운스톤 오피스텔 주차 후 가게에 문의, 주차권 수령

SHOP
벅구베이크 연희점
★베이커리 원데이클래스 가능
- 서울시 서대문구 연희로 82 1층
- 월~토요일 12:00~20:00 / 휴무 일요일
- 견종, 크기 제한 없이 동반 가능
- 가능

Space 1

홍제천
Hong Je Stream

📍 서울시 서대문구 연희동
170-181(홍제천 인공폭포)

탕 탕, 춘심이가 끙끙거리며 물그릇을 친다. 산책을 나가자는 신호다. 양을 몰던 목양견 출신답게 1~2시간 산책으로는 끄떡없는 체력을 자랑한다. 홍제천은 춘심이가 가장 좋아하는 산책 코스다. 북한산에서 발원해 종로구, 서대문구, 마포구 일대를 거쳐 한강으로 흘러드는 홍제천은 산책로가 잘 꾸며져 있다. 2019년 막혀 있던 유진상가 지하 공간이 개통되면서 50년 만에 11킬로미터 구간이 하나로 이어졌다. 춘심이의 산책은 홍연2교 부근에서 시작한다. 물길을 따라 폭포마당까지 갔다 돌아오는 코스는 1시간 정도 소요된다. 보행자와 자전거 전용도로가 나뉘져 있어 안전하고, 위로 지나는 내부순환로가 햇볕을 막아준다.

여름이면 홍연교 아래 도심 속 피서를 즐기는 사람들을 볼 수 있다. 아이들은 물장난을 치며 더위를 피한다. 다리 가까이 갈수록 춘심이의 짧은 꼬리가 바쁘게 흔들린다. 망설임 없이 참방참방 발을 담그더니 신나게 논다. 한참을 놀아도 아쉬운지 떨어지지 않는 발걸음을 달래 폭포마당으로 향한다. 폭 60미터, 높이 25미터에 달하는 인공폭포가 시원하게 맞아준다. 멀리 가지 않아도 여행 온 기분이 절로 든다. 인공폭포는 하절기 오전 8시부터 오후 8시까지 운영된다. 폭포 옆 징검다리를 건너면 야생화가 흐드러진 연희숲속쉼터와 안산 산허리를 따라 걷는 안산자락길로 이어진다.

Space 2

희게
Hegge

- 📍 서울시 서대문구 증가로 1
- 🕐 수~일요일 12:00~15:00 (Last Order 14:00), 18:00~00:00 (Last Order 23:00) / 휴무 월·화요일
- 🐶 견종, 크기 제한 없이 동반 가능 / 반려동물 쿠션, 물그릇 제공
- 📍 GS타임즈연희동민영주차장 이용
- @ instagram.com/hegge_yeonhee

한글의 '희다'와 편안함을 뜻하는 덴마크어 '휘게'의 합성어이다. 통유리로 들어오는 햇살과 우드 인테리어가 만나 이름처럼 따스함을 자아낸다. 꽃 하나, 물병 하나까지 감각적인 소품들이 돋보인다. 카운터 쪽 라탄 바구니에는 반려견 전용 쿠션도 마련되어 의자에 앉혀두고 식사를 할 수 있다. 이러한 배려 덕분에 춘심이도 편하게 쉬며, 다른 곳보다 더 긴 인내심을 보여주는 편이다. 얌전하게 앉아 엄마 아빠의 식사 시간을 지켜준다. 다른 손님에게 피해를 끼치지 않는 한 대형견도 입장 가능하다. 파스타와 샌드위치로 가볍게 브런치를 즐기기 좋은데 시그니처 메뉴는 희게 파스타. 새우와 베이컨, 페페론치노가 들어가는 알리오 올리오 파스타다. 재료가 소진되면 일찍 문을 닫으니 인스타그램에서 마감 시간을 꼭 확인하자.

Space
3

래핑 폭스
Laughing Fox

- 서울시 서대문구 연희로11나길 5
- 월~목요일 09:00~20:00, 금~일요일 10:00~21:00
- 견종, 크기 제한 없이 동반 가능
- 가게 앞 골목 가능
- instagram.com/laughing___fox

무채색의 골목을 화사하게 밝혀주는 컬러풀한 인테리어가 인상적이다. M&M 초콜릿이 떠오르는 공간으로 들어서면 새까만 강아지가 시크하게 맞이한다. 이곳 터줏대감 서리태이다. 주인장이 서리태와 함께 출퇴근하다 보니 다른 반려견들에게도 오픈된 공간으로 운영하고 있다. 단골 춘심이도 익숙한 듯 여기저기 인사를 다닌다. 슬개골에 무리가 가지 않도록 바닥에는 카펫이 깔려 있다. 커피 외에 매일 매장에서 직접 구운 쿠키와 스콘을 선보인다. 가장 인기 있는 메뉴는 크로플. 크루아상을 와플 기계에 구워 쫀득하고 버터 향이 와플보다 더 진하다. 함께 나오는 아이스크림에 푹 적셔 먹으면 오후의 나른함이 살살 녹는다.

Behind the scene

헤헤
방석이 참 폭신해요

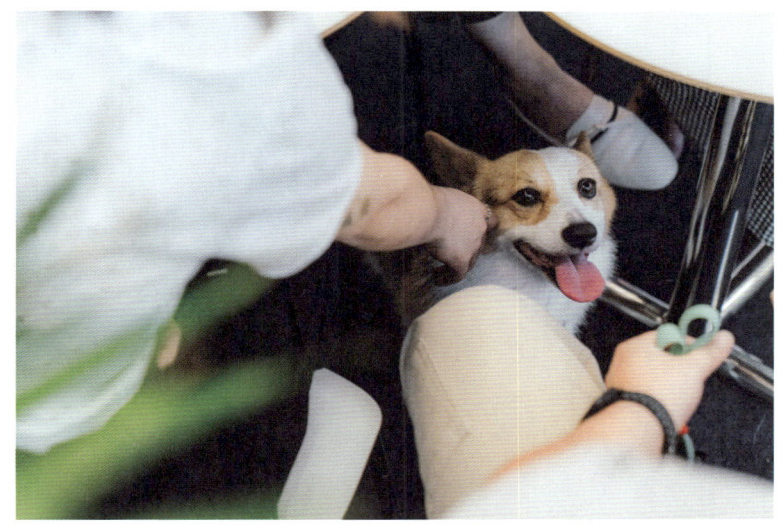

얼굴 작아 보이게
찍어주시개

강서구

섬세한 두밤이를 위한
도심 속 자연길

자세히 보아야 예쁘다. 오래 보아야 사랑스럽다. 두밤이도 그렇다. 낯가림 서린 눈빛이지만 이내 소심한 개 특유의 다정함을 드러낸다. 낯선 이들과 거리는 두지만 두밤이의 입꼬리는 활짝 올라간다. 윤기 자르르한 밤색 털에 양말을 신은 듯 하얀 발로 가양동을 누빈다. 역사와 문화, 자연이 어우러진 가양동은 서울의 매력을 고스란히 간직한 곳이다. 두밤이와 함께 걸으면 익숙한 길도 특별해지는 마법이 펼쳐진다. 빌딩 숲 사이사이 숨어 있는 낭만을 따라 우리만의 이야기가 완성된다.

Companion Dog

두밤
2019년 생, 13kg
겁보에 소심하지만 엄마 아빠 앞에서는 무한 애교쟁이

Guardian

김재훈 & 공혜림 부부
회사원 & 교사
유기견 보호소에서 함께 봉사하며 사랑을 키운 4년 차 신혼부부

Family Interview.

Q. 두밤이라는 이름이 참 특이한데 무슨 뜻인가요?

A. 제가 지은 건 아니고, 구조하신 분이 지었어요. 한밤, 두밤, 세밤, 네밤…… 이렇게 무려 팔남매예요. 모두 새끼 때 산에서 발견돼 보호소로 들어왔어요. 임시보호처를 구한다는 공고를 보고 두밤이를 데려오게 되었죠.

Q. 믹스견을 선뜻 데려오기가 쉽지 않았을 텐데요? 얼마나 클지도 모르니까요.

A. 4년 전 이미 믹스견을 입양해 키우고 있어서 별 거부감은 없었어요. 물론 이만큼 클지는 몰랐지만요. 첫째 치노는 6킬로그램이에요.

Q. 대체로 아직까지는 믹스견에게 우호적인 편은 아니잖아요. 특히 큰 아이들일수록 말이에요.

A. 사람들이 보통 개를 보면 '와, 귀엽다' 하고 다가가는데, 두밤이를 보면 대부분 무서워하는 것 같아요. 신랑 없이 저 혼자 산책을 데려 나가면 싸늘한 눈길을 받기도 하고요. 개들도 자기를 예뻐해 주는 건 바로 아는데 말이죠. 그래서인지 두밤이도 밖에 나가면 더 의기소침해지는 것 같기도 해요. 애견 카페에서도 공격성 강한 종이 섞인 거 아니냐며 거절당한 적도 몇 번 있어요. 그럴 땐 정말 속상해요.

Q. 임시보호를 하던 두밤이와 어떻게 가족이 되었나요?

A. 집에 오고 초반에는 너무 어려서 넘치는 에너지로 집 장판이며 벽지, 가구들을 다 물어뜯었어요. 생활이 피폐해지고 도저히 감당할 수가 없어서 임시보호를 중단하기도 했죠. 구조하신 분과 상의해서 해외 입양을 보내기로 하고 보호소에 데려다 주고 돌아와서는 둘 다 몇 날 며칠을 울었죠. 결국 다시 데리고 왔어요. 장판이나 가구는 다시 사면 되지만 두밤이는 살 수 없으니까요. 신기하게도 한 살이 되니까 거짓말처럼 멈추더라고요. 철이 들었나 봐요.

Q. 이제 두 분에게 두밤이는 어떤 존재인가요?

A. 겁 많고 애교 많은 둘째 아들! 중형견에 대한 인식을 바꿔준 고마운 존재예요. 애교도 없고 힘도 세고 짖는 소리도 커서 키우기 힘들 거라고 생각했거든요. 그런데 개린이 시절이 지나니 오히려 치노보다 말을 잘 듣고 훨씬 수월해요. 그때 포기하지 않아서 다행이에요. 자기가 포켓 사이즈인 줄 알고 자꾸 좁은데 끼어들어서 자는 모습을 보면 귀여워 죽겠어요.

두밤이는 사람을 무서워해요.
그래서 사람 없는 길을 찾아다니다 보니
자연스럽게 우리만의 루트가 생겼어요.
조금 돌아가기는 하지만 보도블록 대신 흙을 밟고
아파트 건물 대신 나무를 따라 걷는 길이지요.

DAILY ROUTE
한눈에 보는 코스

한적하고 호젓하게
허준근린공원

» 도보 30분

한강을 내려다보며 커피 한잔
가양구름다리

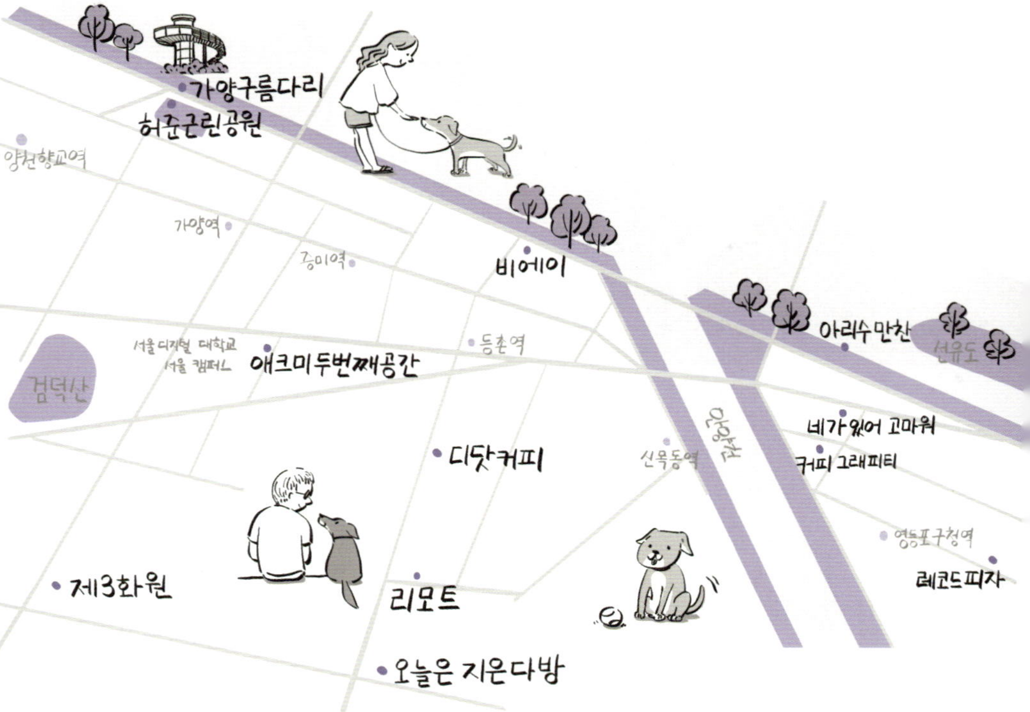

강서구·양천구·영등포구

> COFFEE
네가 있어 고마워
- 서울시 영등포구 양평로 28길 33 아트리버빌 J동 1층
- 월·화요일 09:00~18:00, 수~금요일 09:00~20:00, 토·일요일 10:00~20:00
- 견종, 크기 제한 없이 동반 가능
- 주변 지정주차구역 이용

> COFFEE
디닷커피
- 서울시 양천구 목동중앙북로8길 14-14 1층
- 월~토요일 09:00~20:00, 일요일·공휴일 12:00~20:00 / 휴무 인스타그램(@d.coffee__) 공지
- 견종, 크기 제한 없이 동반 가능
- 건물 뒤편 주차 가능

> COFFEE
리모트
- 서울시 양천구 목동중앙본로7길 34 무지개상점 건물 3층
- 화~일요일 12:30~21:00 / 휴무 인스타그램(@remotecoffee_) 공지
- 견종, 크기 제한 없이 동반 가능
- 건물 앞 1대 가능, 사전에 가게 연락 추천

> COFFEE
비에이
- 서울시 강서구 양천로67길 93-23 1층, 지하1층
- 매일 09:00~20:30
- 중·소형견에 한해 동반 가능
- 건물 옆 주차 가능

> COFFEE
애크미 두번째공간
- 서울시 강서구 공항대로48길 13 1층
- 화~금요일 09:00~21:00, 토·일요일 12:00~22:00 / 휴무 격주 월요일
- 견종, 크기 제한 없이 동반 가능
- 가게 앞 3대 가능

> COFFEE
오늘은 지은다방
- 서울시 양천구 목동로9길 12 1층
- 월~수요일 13:00~20:00, 토·일요일 13:00~18:00 / 휴무 목·금요일
- 소형견에 한해 동반 가능
- 가능

> COFFEE
제3화원
- 서울시 양천구 남부순환로 402 4층
- 화~토요일 11:00~21:00, 일요일 11:00~20:00 / 휴무 월요일
- 소형견에 한해 동반 가능 / 반려동물 메뉴 있음
- 서서울호수공원 공영주차장

> COFFEE
커피그래피티
- 서울시 영등포구 양평로28다길 3
- 월~금요일 10:00~18:00 / 휴무 토·일요일·공휴일
- 소형견에 한해 동반 가능
- 가게 옆 1대 가능

> MEAL
레코드피자
- 서울시 영등포구 경인로 900
- 월~금요일 17:00~03:00, 토·일요일 11:00~03:00
- 소형견에 한해 동반 가능
- 가능

> MEAL
아리수만찬
- 서울시 영등포구 노들로 111 양화선착장 1층 바비큐
- 매일 11:00~21:30
- 소형견에 한해 동반 가능
- 성산대교 양화한강공원 주차장

Space 1

허준근린공원
Heo Jun Park

서울시 강서구 허준로5길 42

두밤이의 특별한 산책은 집을 나서는 순간부터 시작된다. 대로를 따라가면 공원까지 금방이지만 꼬불꼬불 샛길만을 고집한다. 사회성이 적은 두밤이에게 최적화된 코스다. 초등학교 옆 낙엽이 쌓인 오솔길, 도로를 가로지르는 높은 방음벽 뒷길, 분명 익숙한 길인데도 익숙하지 않은 풍경이 이어진다. 이런 데도 길이 있나 싶다.

입구를 지난 것도 아닌데 어느새 허준근린공원에 들어서 있다. 가양동은 조선시대 명의 허준의 출생지이자 《동의보감》을 집필하고 생을 마감한 곳이다. 허준의 호를 따서 구암공원이라고도 불린다. 북쪽 언덕에는 허준의 동상이 있고, 서쪽으로 나가면 허준박물관과 허가바위가 있다. 약 2만 8천 제곱미터로 크지는 않지만 호수와 산책로가 잘되어 있어 호젓하게 걷기 좋다. 울창한 수목이 사계절 다른 운치를 선사한다.

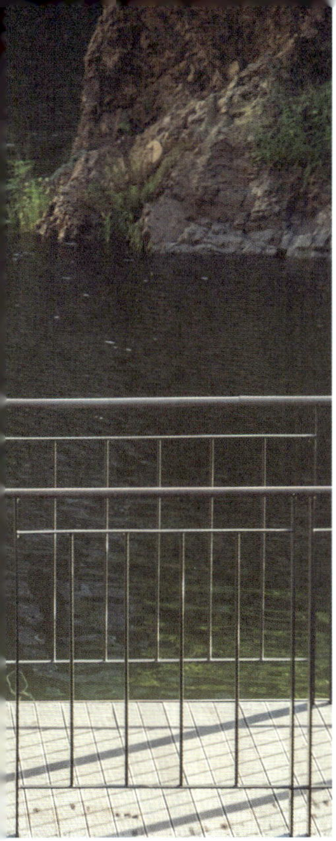

가장 먼저 눈에 들어오는 것은 호수다. 원래는 한강의 일부분이었지만 올림픽대로가 건설되면서 한강과 분리돼 인공호수가 됐다. 한가운데 광주바위가 작은 섬처럼 솟아 있다. 먼 옛날 큰 홍수가 일어나 경기도 광주에 있던 바위가 남한강을 타고 떠내려와 이곳에 자리 잡았다는 재미난 전설이 있다. 하절기에는 음악에 따라 물줄기가 춤을 추는 분수 쇼가 열린다. 호수 북쪽으로 정자가 있고, 그 맞은편 화단 안쪽으로 들어가면 한적한 공터가 나온다. 두밤이가 가장 좋아하는 곳이다. 나무에 둘러싸여 안락하고 낙엽이 쌓인 흙바닥이 폭신하다. 정신없이 냄새를 맡고 한참을 뛰어논다. 신나게 새들을 쫓다가도 시선의 끝은 꼭 리드줄을 잡고 있는 두 사람에게 향한다. 차분하게 기다리고 발을 맞춘다.

Space 2

가양구름다리
Gayang Skybridge

📍 서울시 강서구 가양동(가양역 3번 출구)

공원을 한 바퀴 돌고 나면 목이 마르다. 반려견과 함께 갈 수 있는 카페는 없지만 괜찮다. 열 카페 부럽지 않은 비밀 장소가 있으니까. 아이스커피를 테이크아웃해서 가양구름다리로 향한다. 허준근린공원과 한강공원을 연결해주는 전망대이다. 예전에는 어두운 지하도로로 연결되었는데, 2011년 다리가 생기면서 훨씬 쾌적하게 한강공원을 오갈 수 있다. 누군가에게는 스쳐 지나가는 길목이지만 누군가에게는 목적지가 된다. 선선한 강바람을 맞으며 잠시 휴식을 취한다. 한강과 올림픽대로, 날이 좋으면 저 멀리 북한산까지 탁 트인 풍경을 자랑한다.

두밤이도 물과 간식을 먹으며 한결 편안한 표정이다. 지금은 척하면 척 찰떡 호흡을 자랑하지만 이렇게 맞추기까지 많은 노력이 있었다. 처음에는 자기가 앞장서 끌고 가면서 공격적인 성향도 보였다. 두 사람은 포기하지 않고 주말마다 교육을 찾아다녔다. 우선 통제력을 기르기 위해 하네스를 목줄로 바꾸고, 퇴근 후 매일 1~2시간씩 서로에게 맞춰 걷는 훈련을 했다. 두 사람의 노력을 알아챈 듯 두밤이는 도시에서 산책하는 시간에 서서히 적응했다. 지금은 다시 하네스를 착용하는데 아무 문제 없이 산책하는 똑똑이다. 어느새 해가 뉘엿하고 노을이 주위를 물들인다.

Behind the scene

엄마, 여기서 기다릴게요

생각보다
엄마가 빨리 왔네요

아빠, 내가 먼저
가서 길을 살필게요

성남

아기 강아지 가루의
도심 산책길
열공 일기

테디 베어를 닮은 얼굴과 곱슬곱슬한 양털, 어른 주먹만 한 왕발, 도저히 그냥 지나치기 힘든 귀여움이다. 눈에 하트를 뿜으며 다가가자 반갑다고 껑충껑충 뛴다. 덩치는 크지만 행동은 영락없는 아기다. 동글 네모난 세상을 함께 걷기 위해 배워나갈 것이 아직 많다. 쉽지 않은 과정임에도 한발 한발 따라가는 중이다. 엄마가 매긴 현재 가루의 산책 점수는 80점! 이대로라면 곧 100점 만점도 문제없다.

Companion Dog

가루
2020년생, 23kg
풀네임: 미숫가루

Guardian

함정민 & 임아름
회사원 & 주부
신혼의 달콤함을 가루와 함께 만끽 중

Family Interview.

Q. 에너지 뿜뿜 가루, 산책은 얼마나 자주 하나요?

A. 하루 두 번씩 꼬박꼬박 산책해요. 아침저녁으로 율동공원을 한 바퀴씩 도는데 1시간 조금 안 걸려요. 주말에는 두 바퀴씩 돌고요. 걷는 산책만으로는 부족해 집 앞 잔디밭 공터에서 뛰어놀기도 해요.

Q. 아무리 어리다고 해도 대형견을 산책시키기가 쉽지 않을 것 같은데요?

A. 어릴 때는 얌전하고 괜찮았는데 6개월 즈음부터 자기 원하는 대로 리드줄을 끌고 가기 시작했어요. 다른 반려견을 보면 인사하겠다고 무작정 달려들고, 또 남자 사람과 마주치면 막 짖으면서 경계하고요.. 아무래도 아빠 외에는 익숙하지 않아서 그런 것 같아요. 혼자서는 통제하기 힘들 정도여서 공원에도 못 가고 집 근처만 빨리 산책하고 돌아오곤 했죠. 남편이 재택근무를 하게 되면서 본격적인 훈련을 시작했어요. 가루가 당기는 힘보다 목줄을 더 세게 잡고, 갑자기 튀어나가지 못하도록 걸음 속도를 맞추면서 컨트롤했어요. 다른 강아지나 사람이 다가오면 미리 '앉아'를 시키고 '기다려'를 반복했어요. 하루 4시간씩요. 처음에는 힘들어하며 반항도 했는데 이제는 빨리 하고 칭찬받으려고 해요. 2개월이 지난 지금은 저 혼자 가루를 데리고 공원 산책을 할 만큼 좋아졌어요. 요즘은 신호등 앞에서 '앉아'를 시키고, 사람들이 출발하고 몇 초 더 있다가 천천히 건너는 연습을 하는 중이랍니다.

Q. 역시 반복적인 훈련과 칭찬이 최고군요! 산책 매너를 잘 배워서 다행이에요.

A. 아무래도 덩치가 크다 보니 조금 억울할 때도 있어요. 전혀 공격적이지 않은 아이인데 움직임이 커서 그렇게 보이는 경향이 있거든요. 그래서 더욱 매너 교육에 힘쓰고 있답니다. 천천히 잘 걸어가고 있는데 들으란 듯이 너무 크다면서 고개를 절레절레한다든가, 이런 개들은 입마개를 해야 한다고 말하는 사람들을 만나면 너무 속상해요.

Q. 알고 보면 애교 만점 가루인데 말이죠. 개인기도 많다면서요?

A. 우리 가루는 정말 똑똑해요(웃음). 2개월부터 배변을 가리더니 훈련시키는 족족 잘 따라 하는 거예요. '돌아', '하이파이브'는 기본이고요. '케이지' 하면 켄넬에 들어가고, '문 닫아' 하면 자기 앞발로 문을 닫아요. 밥 먹을 때도 '앉아', '기다려' 훈련을 했더니 배고프면 밥그릇 앞에 가서 앉아 있어요. 간식을 허겁지겁 먹길래 '천천히 먹어'를 가르쳤더니 간식 앞에서 입술을 푸들푸들 떨며 한 박자 쉬고 먹는 모습이 너무 귀여워요. 남편이 출근할 때면 중문 앞에 앉아 의젓하게 악수를 해주며 배웅한답니다. 다녀오개!

저희의 산책 코스는 너무 짧지도
길지도 않아서 좋아요. 중간에 카페가 있어
함께 간식을 먹으며 쉴 수도 있고요.
반려견 친구들이 많아 사회성을 기르는 데도 도움이 돼요.
특히 친구들과 마음껏 뛰어놀 수 있는 반려견 놀이터를
정말 좋아해요. 도심 내 오프리시 공간이
더 많이 생기면 좋겠어요.

DAILY ROUTE
한눈에 보는 코스

천천히 걷기 좋은
율동공원 》 도보 7분

저수지를 바라보며 쉬어 가는
카페N 》 차량 20분

낯선 사람들과 함께 걷는
정자역 엠코헤리츠

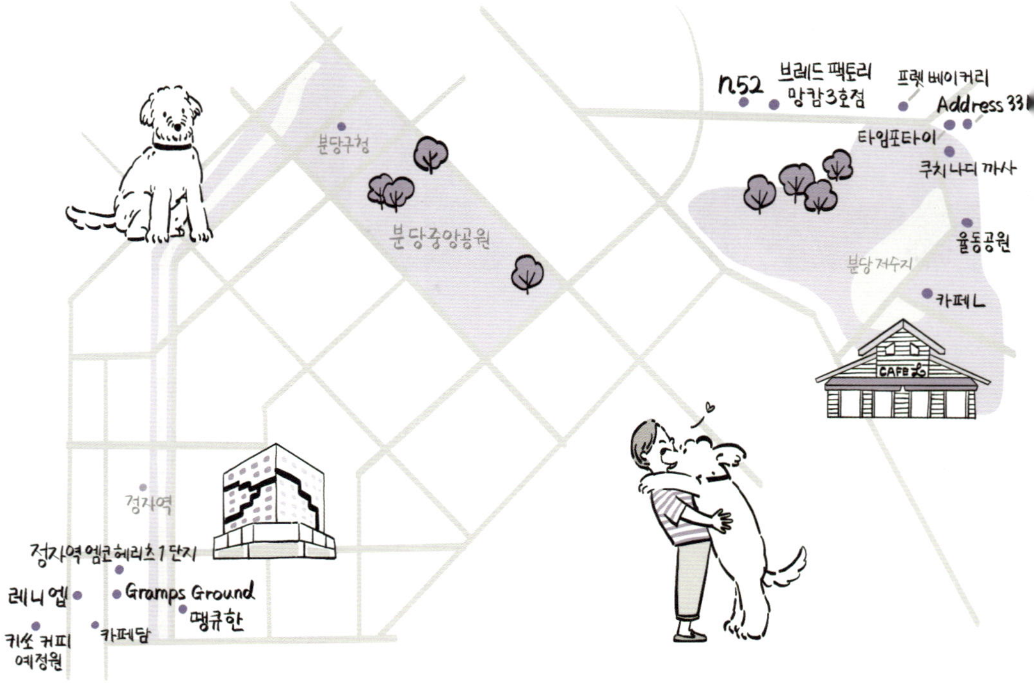

성남

PLUS 추천 장소

COFFEE
땡큐한
- 경기도 성남시 분당구 황새울로12번길 1-3 1층
- 화~일요일 10:00~23:00, 월요일 12:00~20:00 / 휴무 둘째, 넷째 주 월요일
- 중·소형견에 한해 동반 가능
- 가게 앞 4대 가능

COFFEE
브레드 팩토리 망캄 3호점
- 경기도 성남시 분당구 새마을로 107
- 매일 09:30~10:00
- 견종, 크기 제한 없이 외부공간 동반 가능
- 가능

COFFEE
카페 담
- 경기도 성남시 분당구 불정로 7 벤츠건물 1층
- 월~금요일 09:00~23:30, 토·일요일 10:00~23:30
- 중·소형견에 한해 동반 가능
- 스타파크 건물 주차장

COFFEE
키쏘커피 예정원
- 경기도 성남시 분당구 대왕판교로 187 1층
- 화~금요일 10:00~18:00, 토·일요일 11:00~19:00 / 휴무 월요일
- 소형견에 한해 외부공간 동반 가능
- 근처 자동차 전시장 주차장

COFFEE
프렛베이커리
- 경기도 성남시 분당구 새마을로 173 1~2층
- 매일 09:00~22:00
- 견종, 크기 제한 없이 외부공간 동반 가능
- 율동공원 A주차장

COFFEE
Address 331
- 경기도 성남시 분당구 문정로144번길 7
- 매일 11:00~22:00
- 견종, 크기 제한 없이 동반 가능
- 가능

BRUNCH
n52
- 경기도 성남시 분당구 새마을로 95 1층
- 월~금요일 10:00~18:00, 토·일요일 10:00~20:30 (Brunch 10:00~15:00)
- 견종, 크기 제한 없이 외부공간 동반 가능
- 가능

MEAL
레니엡
- 경기도 성남시 분당구 정자일로 121 더샾스타파크 상가1층 B-15, B-16
- 토·일요일 11:30~21:00 (Break Time 15:30~17:00), 수~금요일 11:00~21:00 / 휴무 월·화요일
- 견종, 크기 제한 없이 외부공간 동반 가능
- 가능

MEAL
쿠치나 디 까사
- 경기도 성남시 분당구 문정로 136
- 매일 11:00~21:30
- 견종, 크기 제한 없이 외부공간 동반 가능
- 가능

MEAL
타임포타이
- 경기도 성남시 분당구 문정로144번길 5
- 매일 11:00~22:00
- 견종, 크기 제한 없이 외부공간 동반 가능
- 가능

MEAL
Gramps Ground
- 경기도 성남시 분당구 정자일로 132 엠코헤리츠 4단지 D114
- 월~토요일 11:30~23:00, 일요일 11:30~22:00 (Break Time 14:30~17:30)
- 견종, 크기 제한 없이 외부공간 동반 가능
- 엠코헤리츠 지하주차장

Space
1

율동공원
Yuldong Park

경기도 성남시 분당구 문정로 72
전용 주차장 가능

분당 주민들의 단골 소풍 장소로 꼽히는 친근한 근린공원이다. 17만 제곱미터 저수지를 따라 2.5킬로미터 산책로와 자전거길이 조성되어 있다. 고즈넉하게 걸으며 일상 속 여유를 찾기에 안성맞춤이다. 주위로 책 테마파크와 대도사, 갈대밭 데크 등의 볼거리도 있다. 특히 저수지 내 높이 45미터 번지점프가 인상적인데, 종종 뛰어내리는 용자를 보는 재미가 쏠쏠하다. 번지점프 옆 산책로 안쪽으로 반려견 놀이터가 있다. 신나게 뛰어놀 장소가 부족한 대형견에게 오아시스 같은 곳이다. 최근 코로나로 인해 운영하지 않아 가루무룩이다. 대신 더 열심히 산책하기로 한다. 천천히 발을 맞춰 걷는다. 가끔씩 오리나 새들에게 정신을 빼앗기기도 하지만 곧잘 따른다. 공원은 봄이 한창이다. 꽃가지를 주워 가루의 코에 대어본다. 살랑이는 봄 내음에 취해서일까. 눈 깜짝할 사이 꽃은 공중으로 흩어지고 가지만 남았다. 가루와 함께하는 두 번째 봄이 화창하게 흩날린다.

Space 2

카페L

Cafe L

- 경기도 성남시 분당구 문정로 45
- 매일 07:00~00:00
- 견종, 크기 제한 없이 외부공간 가능
- 가능

율동공원 산책로 초입에 위치한 카페. 카페 반대 방향으로 산책을 시작해 한 바퀴 돌고 나서 쉬어 가는 코스다. 장소 이동이 쉽지 않은 대형견이기에 공원 내에 들어갈 수 있는 카페가 있다는 것이 더욱 반갑다. 특히 특허받은 저온 추출 방식으로 내린 디카페인 커피가 있어 카페인에 예민한 사람들도 풍미 있는 커피를 즐길 수 있다. 벨기에 초콜릿으로 만든 핫초코와 상하목장 유기농 아이스크림, 간단한 브런치와 디저트도 판매한다. 파란 하늘과 맞닿은 저수지 풍경이 마음까지 산뜻하게 해준다.

Space
3

정자역 엠코헤리츠
Amco Heritz

📍 경기도 성남시 분당구 정자일로 146
🅿 가능

끝날 때까지 끝이 아니다. 이제 사람들 사이에서도 흥분하지 않도록 사회화 훈련을 할 시간이다. 특히 남자들에게 경계심을 보였던 가루는 유동 인구가 많은 곳을 찾아다니며 적응 훈련을 하고 있다. 정자역 엠코헤리츠는 정자동 카페 거리에 위치한 주상복합단지로 펫프렌들리한 시설이 많아 종종 찾는다. 카페와 레스토랑, 소품숍들이 모여 있는데, 대부분 테라스가 있어 반려견 동반이 가능하다. 길 가운데 서서 사람들이 지나갈 때 무심하게 지나치게도 하고, 앉아서 기다리도록 훈련도 한다. 양복 입은 직장인 무리가 지나가도, 오히려 행인들이 신기해하며 관심을 보여도 가루는 의젓하게 '기다려'를 수행한다. 우리 가루, 아주 칭찬해!

CHATS et CHIENS
ROYAL CANIN

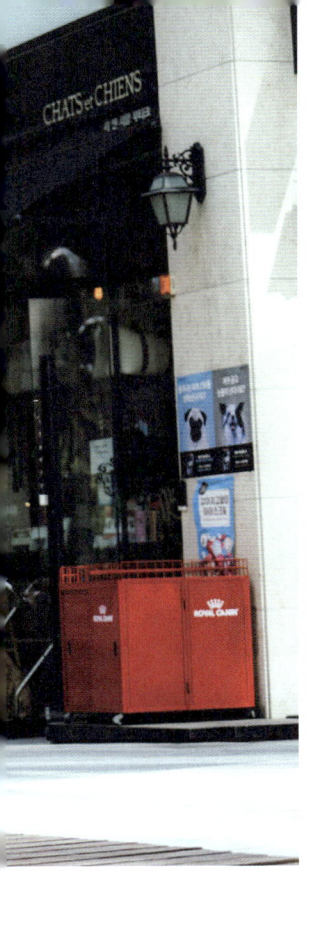

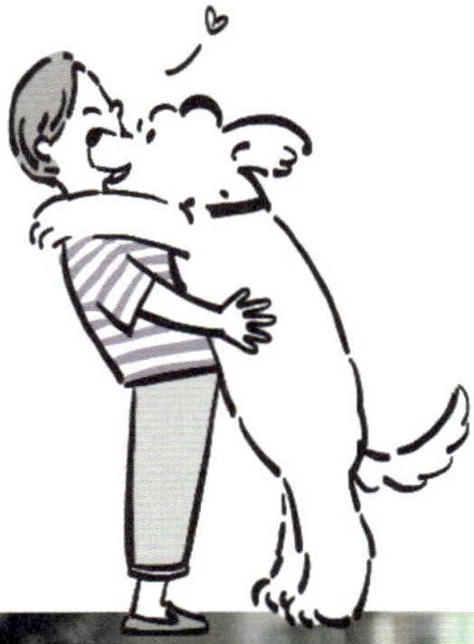

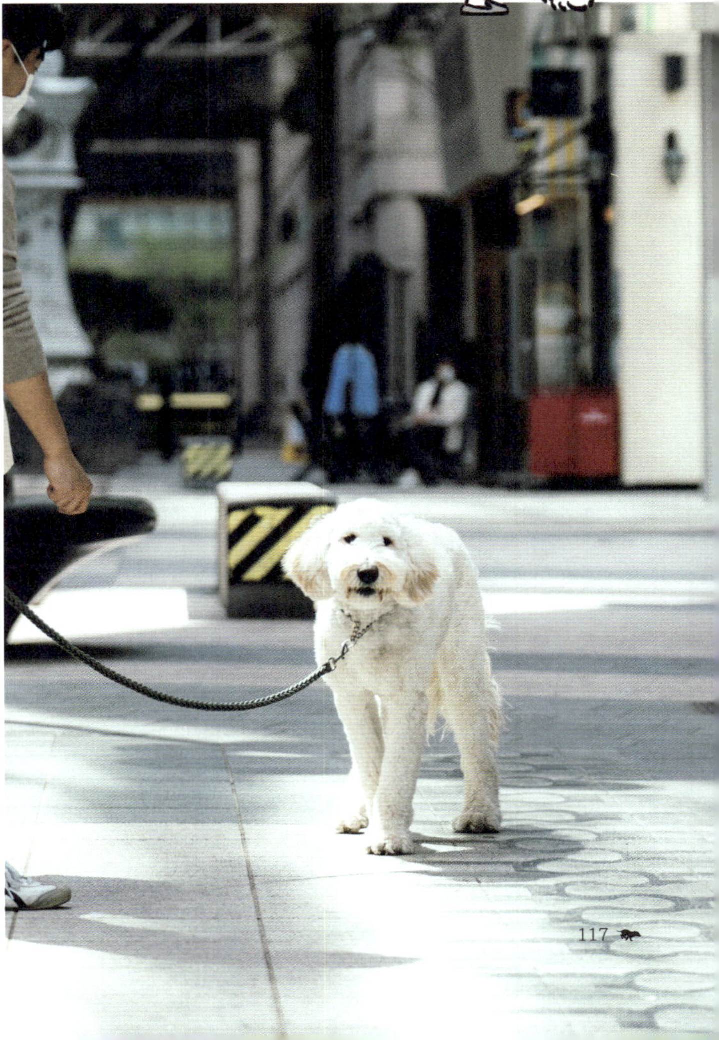

Behind the scene

엄마아빠,
내 귀에 캔디
꿀처럼 달콤해

엄마, 내 꼬리
언제 놔줄 거야?

PART 3

서로의 단짝이 되어
취미도 운동도 함께

Column of Part 3

반려동물 동반 공간에 대한 모두의 자세

#반려견동반 #애견동반카페

강아지와 함께 어디론가 떠나고 싶었다면 한 번쯤 이런 키워드를 SNS에 검색한 적이 있을 것입니다. 그런데 이 해시태그, 가장 먼저 만들고 사용한 것이 펫시민 채널이라는 사실을 아시나요? 지금 인스타그램 펫시민 채널에는 약 2천 곳가량의 펫프렌들리 공간 정보가 공유되어 있습니다. 전국에서 900명이 넘는 반려가족들이 펫시민 리포터가 되어 펫프렌들리 공간에 다녀온 경험을 공유하고 있으니까요. '#펫시민_성수'처럼 #펫시민 태그와 지역명을 결합해 검색하면 반려견과 함께 이용할 수 있는 펫프렌들리 공간을 쉽게 찾을 수 있습니다.

펫프렌들리 공간에 필요한 3가지 조건은
공간, 사람 그리고 모두가 지키는 펫티켓입니다.

반려견 동반 카페와 애견카페는 어떤 차이가 있는지 생각해보신 적 있나요? 애견카페는 반려견이 이용할 수 있는 전용 시설이기 때문에 반려동물을 위한 인테리어와 서비스가 제공되고, 반려동물도 사람처럼 이용료를 내므로 최소한의 안전을 요구할 권리가 있습니다. 애견카페 이용 방법은 굳이 설명할 필요 없습니다. 사람과 반려견 각각 책정된 요금을 내고 이용하면 되니까요. 실내에서 우리 반려견이 리드줄 없이 편안하게 뛰노는 모습은 보기만 해도 흐뭇해 이용하는 분들이 많습니다.

반면 애견카페를 선호하지 않는 사람들도 있습니다. 우리 반려견이 다른 반려견들이 많은 환경에서 오히려 스트레스를 받을 수도 있으니까요. 또한 우리 반려견과 조용한 곳에서 함께하고 싶다거나 평소 내 취향에 맞는 맛집과 좋아하는 카페를 가족과도 같은 반려견과 함께 향유하고 싶은 마음에 많은 반려가족들이 지금도 반려견 동반 공간을 찾아 헤매고 있죠. 이러한 곳들은 동반이 가능할 뿐 반려견을 주 타깃으로 상정하고 기획한 시설이 아니기 때문에 반려동물을 무분별하게 풀어놓으면 안전 사고가 생길 수 있으니 보호자가 조금 더 주의를 기울여야 합니다.

예를 들어 루프탑 카페를 이용할 때는 강아지가 추락할 위험은 없는지 살피고, 계단을 이용할 때는 강아지가 난간 사이로 빠지지 않도록 보호자가 안고 오르내릴 것을 권합니다. 동반이 가능한 공간을 이용할 때는 특별히 풀어놓아도 좋다는 허락이 있지 않다면 기본적으로 반려견 전용 이동가방이나 유모차, 켄넬 안에 머무르도록 합니다. 또는 리드줄을 풀어놓지 않고 보호자의 반경 거리 안에서 기다리도록 하는 것이 반려견의 안전이나 공간을 이용하는 다른 손님과 혹시 모를 마찰을 피하는 현명한 방법입니다.

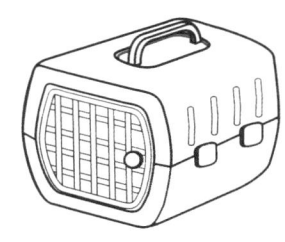

아무리 예쁜 공간과 맛있는 음식이 있어도 일하는 분이 반려동물을 무서워하고 기피하는 성향이라면 펫프렌들리한 곳이 되기 어렵죠. 반려견 동반 공간은 말 그대로 사람을 대상으로 운영하면서 반려견의 출입을 제한적으로 허용하는 곳입니다. 겉보기에 평범한 동네 카페인데 반려동물을 아끼는 사장님이나 직원분들이 안전 수칙을 지키는 조건으로 반려견이 이용할 수 있도록 배려하는 곳도 있지요. 운영하는 사람의 판단과 마음가짐에 달려 있기에 펫프렌들리 카페와 그렇지 않은 카페는 눈으로 식별하기 어렵습니다. 먼저 이용해본 사람들을 통해 비로소 반려견도 출입할 수 있는 곳임을 알게 됩니다. 그래서 반려동물 동반 장소를 이용할 때는 약간의 제약을 감수해야 합니다.

반려동물을 위한 편의와 서비스를 당연한 듯 요구하는 것이 아니라, 함께 있을 수 있도록 잠시 허락을 받은 것에 대해 감사하는 마음을 가지시기를 바랍니다. 카페나 식당을 운영하는 분들은 반려동물과 함께 온 손님을 맞이하기 위해 비용을 들여 시설을 보완하기도 하고, 시설 특성을 고려한 가이드라인을 만듭니다. 또한 반려동물 응대와 안전 수칙에 대해 종업원들을 교육하고, 다른 손님들이 불편을 호소할 가능성도 감수하면서 출입을 허용해주시는 것이지요. 바쁜 중에도 함께 찾은 반려견 손님을 위해 미소 지어주고 불편을 감수하면서도 기꺼이 자리를 내어주려 노력하는 관계자께 언제나 감사드립니다.

펫프렌들리 공간을 완성하는 것은 우리가 지키는 펫티켓입니다. 앞서 이용하는 반려가족이 매너 있게 이용하고 좋은 선례를 남기면 그곳은 계속 펫프렌들리 공간으로 운영될 수 있습니다. 반대로 불편을 끼치고 사고를 일으키면 반려동물 출입을 금할 수밖에 없습니다. 다른 손님들에게 불편을 주지 않고 영업에 방해가 되지 않는 최소한의 펫티켓을 지키는 한분 한분이 펫프렌들리 공간의 지속 여부를 결정합니다.

펫프렌들리 공간을 이용하기 전 읽어주세요.

1 기본적인 매너 교육이 되어 있지 않아 낯선 곳에서 심하게 짖거나 공격성을 드러내는 성향의 반려견이라면, 굳이 사람들이 많은 공간에서 불필요한 자극을 받지 않는 것이 좋습니다. 훈련을 선행하고 낯선 공간에서도 적응할 수 있을 때 모두가 편한 상태에서 이용해주세요.

2 도보 산책 후 실내를 방문한다면 반려견의 몸이나 발에 이물질이 묻어 있지 않은지 살펴주세요. 특히 흰 천 소파 등에 반려견을 앉힐 때는 강아지 담요를 깔아주거나 이동가방 안에 머무르도록 합니다.

3 모두가 함께 이용하는 식사 테이블에 반려견을 올려놓는 것은 다른 사람들의 눈살을 찌푸리게 합니다. 반려동물을 키우지 않는 다른 손님도 함께 이용해야 하는 곳이니 모두가 공감할 수 있는 범위 내에서 행동하는 것이 좋습니다.

4 실내 공간에서 반려견이 마킹을 하거나 대소변 실수를 하지 않도록 주의합니다. 부득이하게 배변 실수를 했을 때는 즉시 보호자가 직접 처리합니다.

5 소형견을 옆자리에 앉힐 때는 전용 매트를 활용해보세요. 딱딱한 의자 위에 올라간 강아지가 앉지 못하고 초조해하는 모습을 보인다면 천으로 된 매트를 깔아주는 것만으로 달라질 수 있습니다. 훨씬 편하게 앉아서 안정감 있게 보호자를 기다릴 수 있을 거예요. 부드러운 천 소재라면 매트나 손수건, 담요, 가방 무엇이든 상관없습니다. 대형견은 리드줄을 가까이 잡고 바닥에 앉히거나 엎드려 보호자 곁에 머무르도록 합니다.

6 협소한 공간에 여러 반려견이 한꺼번에 모여들지 않도록 합니다. 공간별로 반려가족을 위한 좌석 수가 정해져 있을 가능성이 있습니다. 반려견을 동반한 여러 가족이 모임을 할 때는 실내 공간의 크기를 고려해 넓은 장소를 찾고 사전 예약 후 이용합니다.

필수 접종이 끝나지 않아 면역이 형성되지 않은 어린 반려견은 외부에서 다른 반려견을 만나는 것을 삼갑니다.

암컷 반려견이 생리 중이라면 다른 반려견과 접촉했을 때 서로 예민해져 사고 위험이 높아집니다. 애견카페와 애견운동장 등 반려견 접촉 가능한 어떤 공간도 가지 않도록 주의합니다.

동물 털 알레르기가 있거나 갑자기 움직이는 반려견에 깜짝 놀라는 손님들도 있으니 다가가기 전에 짧게 양해를 구합니다.

반려견이 실내에서 장시간 보호자를 기다리지 않도록 해주세요. 장시간 체류할 때는 최소 한두 시간에 한 번은 짧게 주변 산책을 해주세요.

반려견을 위한 전용 시설이 아닌 곳에서는
지켜야 할 점이 더 많다는 것을 기억해주세요!

반려견 동반 공간과 애견카페, 어질리티, 운동장 등 어떤 공간이 다른 곳에 비해 더 좋다거나 나쁜 것은 없습니다. 다만 전용 시설이 아닌 곳을 이용할 때는 지켜야 할 점이 더 많다는 것을 감안하면 됩니다. 비오는 날 실내에서라도 움직이게 하려면 실내 애견카페가 좋은 선택이겠죠. 어느 곳이든 차분하게 기다릴 수 있는 강아지라면 단골 카페를 가거나 보호자의 취미 활동에 동반하는 것도 풍요로운 반려 생활입니다. 남다른 에너지를 가져 체력 소모가 중요한 반려견은 근거리 산책 외에도 필히 오프리시가 가능한 전용 운동장을 적극 활용해야겠죠. 내 반려견의 특성을 이해하고, 보호자의 필요에 맞는 적절한 공간을 택하고, 각 장소에 맞는 매너를 충분히 갖춰 이용한다면 어떤 곳에서든 나와 반려견에게 좋은 추억이 쌓이는 행복한 하루가 완성될 것입니다.

용산구

우리가 향하는 꽃길은 바로 비단길
플라워 클래스

스무 살의 봄, 작은 털뭉치가 선물처럼 찾아왔다. 커피향이 날 것만 같은 복슬복슬한 털을 쓰다듬으며 우리의 삶은 하나가 되었다. 산책로가 잘되어 있는 동네에 터를 잡고, 함께 악보를 보거나 맛집을 찾아다니며 시간을 보낸다. 이따금 현실에 지친 날이면 살포시 다가와 자신이 가장 좋아하는 공을 주며 위로를 건넨다. 어떻게 알았을까. 한결같이 나만 쫓는 두 눈을 보니 답을 알 것 같다. 나보다 나를 더 사랑하는 존재, 늘 고마운 너에게 꽃내음 가득한 하루를 선물하고 싶다.

Companion Dog

비단이
2013년생, 5kg
애교도 많고 질투도 많은
엄마바라기

Guardian

노유빈
성악 전공 & 레슨
캠퍼스 라이프는 비단이와 함께!
어느덧 5년 차, 야무진 1인 가구

Family Interview.

Q. 비단이 털색이 정말 특이해요! 갈색이라고 해야 하나요. 까만색도, 회색도 아니고.

A. 예쁘죠. 저도 몰랐는데 이런 색을 카페오레라고 부르더라고요.

Q. 딱이네요. 옷도 어쩜 이렇게 잘 어울려요.

A. 옷이 100벌이 넘어요. 옷장이 부족할 정도랍니다. 다행히 비단이는 옷 입는 걸 좋아해요. 자기가 예쁘다는 걸 안다니까요. 바닥에 던져놓으면 자기 옷이라고 물어 와요. 좋아하는 취향도 있어서 여러 개를 펼쳐놓으면 자기가 고르기도 한답니다.

Q. 이렇게 예쁜 비단이와는 어떻게 만났나요?

A. 단식 투쟁으로요. 처음 개를 키우고 싶다고 했을 때 부모님이 반대하셨거든요. 키우려면 돌보는 것은 물론 금전적인 부분까지 다 책임지라고 쐐기를 박으셨어요. 그래서 반려견 커뮤니티에 가입해 공부하면서 열혈 회원으로 활동했어요. 어느 날 인터넷에서 파양된 비단이 사진을 보는 순간 운명을 느꼈어요. 내 아가다. 마치 비단이 눈이 제게 텔레파시를 보내는 것처럼 끌렸다고 할까요. 몸도 약하고, 사고로 다리 연골을 자르는 수술을 한 병력도 있었지만 상관 없었어요.

Q. 묘연처럼 '견연'도 진짜 있는 것 같아요. 비단이 건강은 괜찮나요?

A. 몸이 많이 약한 편이에요. 빈혈도 있고 갑상선저하증도 있어요. 가장 심각한 건 특발성 발작이에요. 갑자기 동공이 풀리고 몸이 경직되죠. 그래서 12시간 간격으로 하루 두 번씩 약을 먹어야 해요. 비단이를 혼자 둘 수 없어서 반려견 동반이 되는 음식점이나 카페를 찾아서 늘 함께 다녀요. 약속 장소도 상대방에게 양해를 구해서 비단이도 같이 갈 수 있는 곳들로 정하고요. 다행히 비단이는 실내에서 굉장히 매너가 좋아요.

Q. 비단이를 만나면서 어떤 변화가 있었나요?

A. 서울에서 대학을 다니면서 비단이와 단둘이 살게 됐어요. 용돈만으로 비단이를 돌보기에는 턱없이 부족하더라고요. 집을 비우지 않으면서 돈을 벌 수 있는 방법을 고민하다 핸드메이드 액세서리 쇼핑몰 창업에 도전했어요. 우리 둘의 이름을 따서 '비단꽃빈'이라고 지었고요. 지금은 전공에 집중하면서 그만두었지만, 당시 저희를 응원해준 사람들 덕분에 큰 힘을 얻었어요.

얼마 전 대학 졸업식이었어요.
원래 비단이와 함께 학사모를 쓰려고 했는데
코로나 때문에 졸업식 자체가 취소되었죠.
너무 아쉬웠어요. 대신할 뭔가가 없을까 고민하다
학사모 대신 화관을 만들기로 했어요.
마침 비단이 생일도 겹쳤고요. 늘 함께하는 일상에
조금 더 특별함을 더하고 싶었어요.

DAILY ROUTE
한눈에 보는 코스

너를 위한 꽃
비바 베르데 플라워

》 차량 15분 》

나만의 시간이 흐르는 공간
아임 히어

》 도보 1분 》

우리의 산책 구간
경의선숲길
(효창공원역 ~공덕역)

》 도보 5분 》

힙한 수제 버거 맛집
바이커스 버거

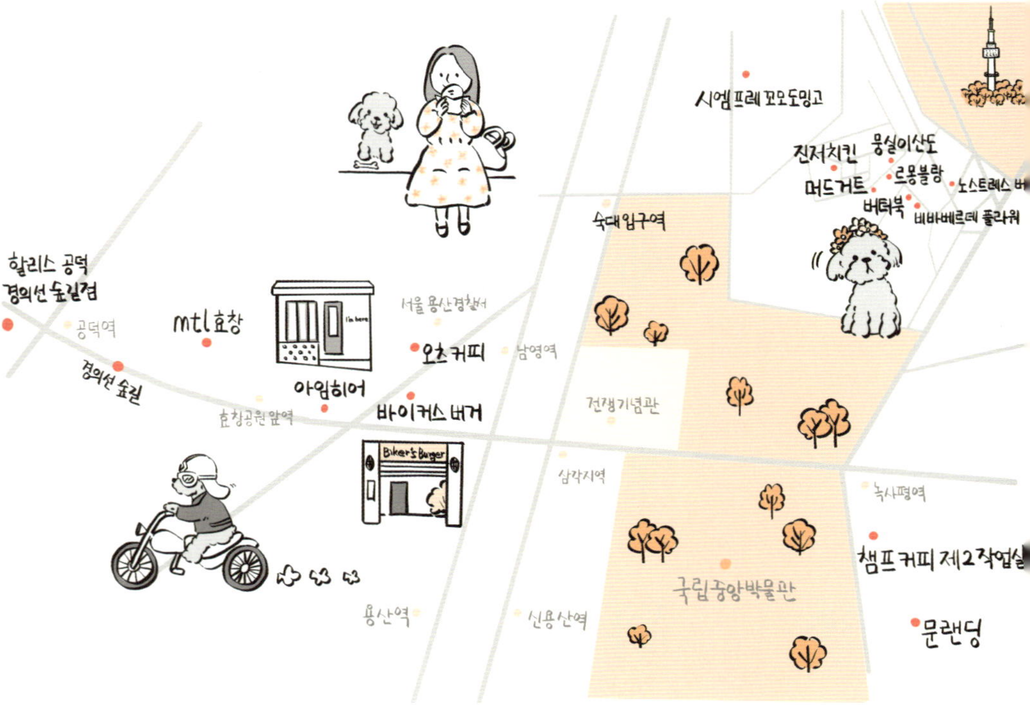

PLUS
추천 장소

용산구

COFFEE
르몽블랑
- 서울시 용산구 신흥로 99-4 1층
- 화~일요일 12:00~20:00 / 휴무 월요일
- 견종, 크기 제한 없이 동반 가능
- 용산2가동 주민센터 공영주차장

COFFEE
문랜딩
- 서울시 용산구 장문로17길 3
- 수~일요일 12:00~18:00 / 휴무 월·화요일
- 소형견에 한해 동반 가능
- 이태원1동 공영주차장

COFFEE
뭉실이산도
- 서울시 용산구 신흥로 97-6 1층
- 수~일요일 14:30~22:00 / 휴무 월·화요일
- 소형견에 한해 동반 가능
- 용산2가동 주민센터 공영주차장 혹은 해방촌 공영주차장

COFFEE
버터북
- 서울시 용산구 신흥로15길 20
- 화~일요일 11:00~20:00 / 휴무 월요일
- 소형견에 한해 동반 가능
- 용산2가동 주민센터 공영주차장 혹은 해방촌 공영주차장

COFFEE
시엠프레꼬모도밍고
- 서울시 용산구 후암로34길 11
- 수~일요일 12:00~19:00 / 휴무 월요일 및 매월 첫째주 화요일
- 소형견에 한해 동반 가능
- 후암재래시장 공영주차장

COFFEE
오츠커피
- 서울시 용산구 원효로89길 13-12
- 월~금요일 11:00~20:00, 토·일요일·공휴일 12:00~20:00
- 소형견에 한해 동반 가능
- 청파1동마을공원 공영주차장

COFFEE
챔프커피 제2작업실
- 서울시 용산구 녹사평대로26가길 24
- 매일 09:00~21:00
- 견종, 크기 제한 없이 동반 가능
- 용산구청 공영주차장

COFFEE
할리스 공덕경의선숲길점
★PEOPLE ONLY 공간과 PET ZONE 공간이 따로 있음
- 서울시 마포구 백범로28길 22 일양빌딩 1층
- 월~금요일 07:00~22:00, 토·일요일 07:30~22:00
- 10kg 이하의 반려견에 한해 동반 가능
- 가능

COFFEE
mtl 효창
- 서울시 용산구 효창원로69길 25
- 매일 08:00~21:00 / 휴무 명절 당일
- 소형견에 한해 외부공간 동반 가능
- 가능

YOGURT
머드거트
- 서울시 용산구 소월로20길 55 1층
- 매일 11:00~19:00
- 견종, 크기 제한 없이 동반 가능
- 해방촌 공영주차장

MEAL
노스트레스버거
- 서울시 용산구 신흥로 62 1층
- 매일 11:00~21:00 (Break Time 15:00~17:00, 주말 15:30~17:00)
- 견종, 크기 제한 없이 동반 가능
- 용산2가동주민센터 공영주차장

MEAL
진저키친 ★100% 예약제
- 서울시 용산구 신흥로22가길 23
- 수~일요일 12:00~21:00 (Last Order 20:00) / 휴무 월·화요일
- 견종, 크기 제한 없이 동반 가능
- 해방촌 공영주차장

Space 1

비바 베르데 플라워
Viva Verde Flower

비단이를 위해 준비한 스페셜 선물은 바로 화관! 한때 액세서리를 만들던 금손답게 직접 만들기로 했다. 무엇이든 함께해야 재미도 배가되는 법! 해방촌에 위치한 이곳은 반려견과 함께 클래스를 진행하는 플라워숍이다. 비바는 스페인어로 '만세'라는 감탄사이고, 베르데는 '초록'을 뜻한다. 숍 한쪽에는 작가들이 직접 만든 아기자기한 소품들이 진열되어 있고, 반대편에 클래스가 진행되는 테이블이 놓여 있다. 비단이는 알아서 척척 엄마 옆에 자리 잡는다. 먼저 머리 둘레에 맞춰 와이어로 화관의 틀을 잡아준다.

비단이 머리가 이렇게 작았었나, 나도 모르게 중얼거린다. 용담초, 천일홍, 브루니아, 미스티 블루 등 색색의 드라이플라워를 모아 작은 부케를 여러 개 만들고 와이어에 꼬아서 붙이면 된다. 비단이에게 꽃을 대보며 어떤 색이 잘 어울릴지, 어떻게 조합을 해야 예쁠지 고민한다. 부케를 만들었다 풀고 다시 만들기를 여러 번, 드디어 세상에 단 하나밖에 없는 화관이 탄생했다. 화관 외에도 센터피스, 리스, 꽃다발 만들기 등 다양한 데일리 클래스가 있다. 예약은 필수.

- 서울시 용산구 신흥로11나길 2-27
- 화~일요일 11:00~19:00 / 휴무 월요일
- 중·소형견 동반 가능 / 케이프 등 반려동물 용품 판매
- 가게 앞 가능
- instagram.com/vivaverde_official

Space 2

아임 히어
I'm Here

집 가까운 곳에 마음에 쏙 드는 카페가 있다는 것이 얼마나 큰 행운인가. 단골 카페에서 잠시 숨을 돌리기로 한다. 비단이도 애정하는 장소다. 늘 그렇듯 창가에 자리 잡는다. 따뜻한 햇살 아래서 비단이는 인형을 가지고 놀다 바깥 구경을 하다 나름 자기만의 시간을 즐긴다. 긴 바 좌석과 테이블 예닐곱 개가 놓인 공간에는 편안함이 흐른다. 매일 직접 만드는 디저트도 이곳을 끊을 수 없는 이유. 특히 브라우니 쿠키와 복숭아 크렘 브륄레 하겐다즈는 꼭 먹어봐야 한다. 음료로는 커피와 계절별 생과일 에이드, 수제 병맥주 등이 있다.

- 서울시 용산구 백범로 326
- 매일 11:30~22:00
- 견종, 크기 제한 없이 동반 가능
- 효창공원역 5번 출구 공영주차장 이용
- instagram.com/cafe_im_here

11. Ich trage meine Minne
(I carry my Love)

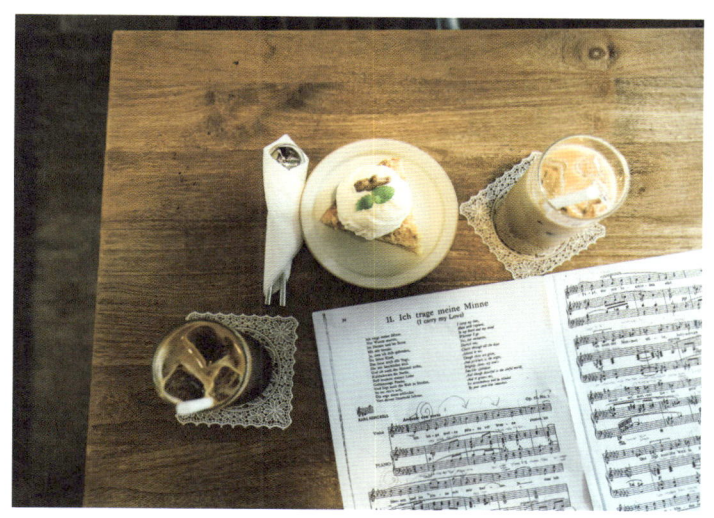

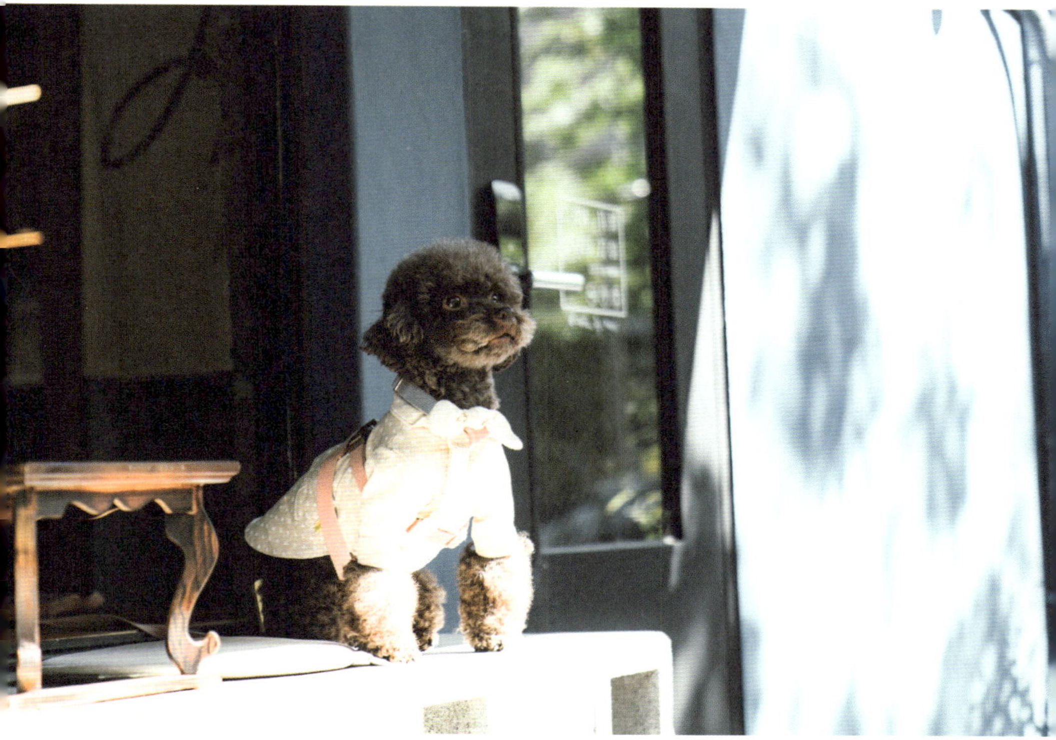

Space
3

경의선숲길
(효창공원역~공덕역)
Gyeongui Line Forest park

📍 서울시 용산구 원효로71길 40

아임 히어 뒷문은 경의선숲길로 연결된다. 경의선숲길 하면 연남동을 떠올리기 쉽다. 우리나라 최초의 기찻길인 경의선 철도 주변을 시민공원으로 조성한 것으로, 용산구 문화체육센터에서 가좌역까지 총 6.3킬로미터의 구간을 가리킨다. 비단이가 자주 다니는 산책로는 경의선숲길의 초입 효창공원역 주변이다. 공덕역까지 갔다 돌아오는데 코스가 제법 길어서 운동도 되고 풍경도 다채롭다. 아파트에 둘러싸여 있지만 널찍한 가로수길과 잔디광장이 숨통을 트이게 한다. 주변에 반려견 동반 카페와 식당이 많은 것도 장점이다.

Space 4

바이커스 버거
Biker's Burger

외관부터 힙한 분위기가 느껴지는 수제 버거집. 과거에는 '라리앤켈리'라는 이름으로 운영되었는데, 비단이네는 그 시절부터 찐단골이다. 오래된 2층 건물을 개조해 레트로한 분위기와 더불어 리드줄을 걸어놓을 수 있는 고리, 반려견 전용 물컵, 안전문까지 반려가족을 위한 배려를 느낄 수 있다. 날씨가 좋은 날에는 비단이와 야외 파티오에 앉아 식사를 즐긴다. 더블 치즈버거, 아보카도 파인애플 버거 등 7종류의 수제 버거를 맛볼 수 있다. 특히 육즙 뚝뚝 흐르는 두툼한 패티를 자랑한다. 바이크를 타고 가면 할인되니 참고하자. 음식을 취급하는 곳인 만큼 펫티켓은 필수! 실내외 모두 입장 가능하지만 반드시 리드줄을 잡고 있어야 한다. 반려견과 함께 가기에는 한적한 시간대인 오후 3시부터 6시를 추천한다.

📍 서울시 용산구 원효로80길 15
🕐 매일 11:00~21:30
🐾 견종, 크기 제한 없이 동반 가능
🅿 가게 앞 골목 가능
@ instagram.com/bikersburger

Behind the scene

컬러는 괜찮은데

무게는 쪼미 무겁지만

잘 찍었으니
간식 주시개

용인·화성

운동천재 모델견 벤이 찾아가는
반려견 놀이터

'벤'은 히브리어로 '아들'이라는 뜻이다. 한 생명을 맞이하면서 삶이 180도 달라졌다. 1년이 지났을 뿐인데 우리의 세상은 어느새 벤을 중심으로 돌아간다. 집콕 커플은 이제 옛말! 매일 두 번씩 꼬박꼬박 멀리 산책을 나서고, 분위기보다는 반려견 동반 카페를 찾고, 영화관 데이트 대신 등산을 한다. 함께 달리며 하루하루가 더욱 재밌다는 이들에게서 벤을 뛰어넘는 유쾌한 비글미가 느껴진다.

Companion Dog

벤
2020년생, 7.5kg
아무리 말썽을 부려도 얼굴만 보면 다 용서되는 얼굴 천재
(feat. 예술적인 아이라인)

Guardian

이성현 & 이연주
회사원 & 프리랜서
매일 만나는 예비 신혼부부

Family Interview.

Q. 비글을 어떻게 키우게 되었나요?

A. 초등학교 때 영화 <캣츠 앤 독스>를 보고 주인공 '루'한테 반했어요. 그때부터 비글에 대한 로망이 있었죠. 원래 내년에 결혼하고 키울 예정이었는데 코로나로 집에 있는 시간 많아지면서 앞당겨 입양하게 됐어요.

Q. 비글 하면 소위 '지랄견'이라고 하잖아요. 실제로 키워보니 어떤가요?

A. 훌륭한 운동 파트너예요. 유산소운동은 지겨워서 싫어했는데, 벤이 오고 나서 재밌어졌어요. 하루 두 번 1~2시간씩 같이 달려요. 저희 둘 다 벤이 오고 나서 5키로가 빠졌어요. 아무래도 활동량이 많다 보니 에너지를 발산할 수 있는 놀이나 산책이 필수예요. 태풍 같은 날씨로 며칠 못 나가면 사고를 치기도 하는데, 비글이라는 종의 문제가 아니라고 생각해요. 그런데 지나가는 사람들이 악마견이다 하며 사고 많이 치지 않냐고 물어보는 거예요. 비글에 대한 오해가 속상하고, 비글미의 진정한 매력을 알려주고 싶어서 벤 계정으로 인스타그램을 시작했어요. 비글은 지랄견이 아니에요. 매사 더 열정적일 뿐이죠. 애교가 많고 쾌활해서 함께 있으면 덩달아 즐거워져요.

Q. SNS를 하면서 재미있는 경험도 했다면서요?

A. 벤과 함께하는 일상을 주로 올리는데, 벤이 온 지 6개월쯤 되던 날 DM(인스타그램 다이렉트 메시지)으로 광고 출연 문의가 왔어요. 생각지도 못한 일이라 깜짝 놀랐죠. 신기하기도 하고 재밌을 것 같아 수락했어요. 5시간 동안 촬영을 동행하면서 새로운 세상을 보았답니다. 그 후 또 문의가 와서 가보니 샤이니 태민이 있는 거예요. 태민과 함께 보그&록시땅 인스타그램 영상 광고를 찍는 영광을 누렸답니다. 2021년에는 벤과 함께하는 에피소드, 교육 등을 담은 유튜브 '비글 벤Ben the Beagle'도 꾸준히 업로드할 예정입니다.

Q. 벤을 키우면서 특별히 신경 쓴 교육이 있나요?

A. 사회화 훈련이에요. 원래 친화력이 좋은 종이지만 퍼피 때 사회화 교육은 필수라고 생각했어요. 세상에 대한 경계심을 줄이기 위해 다양한 환경에 노출해보려고 노력했죠. 공원뿐만 아니라 사람들이 많고 오토바이나 자동차로 시끄러운 도심에서 산책을 할 때면 간식을 주면서 안심시켜주는 긍정 교육을 했어요. 지나가는 사람들이 예뻐하면 그들에게 간식을 건네면서 벤에게 주라고 부탁했죠. 사람들은 '나를 예뻐해 주고 간식을 주는 좋은 존재'라는 인식을 심어준 거예요.

레스피아는 오로지 벤을 위한 곳이고,
동탄호수공원은 저희를 위한 장소예요.
에너지 넘치는 사냥개 출신인 만큼 하루 서너 시간쯤은
거뜬히 뛰어놀거든요. 친구들과 놀면서 사회성을 기르고,
저희와 산책하면서 매너도 배우죠.

DAILY ROUTE
한눈에 보는 코스

리드줄 없이 실컷 뛸 수 있는 곳
기흥 레스피아

차량 15분 »

빌딩숲에서 느끼는
사계의 아름다움
동탄호수공원

모소밤부 다이닝&카페

그린그라스 풍경

GHGM 카페

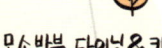 50

구성커피 로스터스

루트 889

 50

아임유어 마켓

기흥레스피아

COFFEE LIKUS

고매 커피

동탄역

온도룸

앤드 모안

동탄 호수공원

PLUS
추천 장소

용인·화성

COFFEE
고매커피
- 경기도 용인시 기흥구 원고매로2번길 85-2
- 매일 11:00~21:00
- 소형견에 한해 외부공간 동반 가능
- 가능

COFFEE
구성커피 로스터스
- 경기도 용인시 기흥구 이현로29번길 81-1
- 매일 10:00~22:00
- 중·소형견에 한해 동반 가능
- 가능

COFFEE
온도룸
- 경기도 화성시 지산2길 16-10 1층 102호
- 수~월요일 12:00~21:00 / 휴무 화요일
- 중·소형견에 한해 동반 가능
- 공영주차장 1시간 30분 무료

COFFEE
COFFEE LIKUS
- 경기도 용인시 기흥구 기흥단지로 171-1
- 월~금요일 12:00~21:00, 토·일요일·공휴일 11:00~21:00
- 중·소형견에 한해 동반 가능
- 가능

COFFEE
GHGM카페
- 경기도 용인시 수지구 동천로 287
- 매일 11:00~21:00
- 견종, 크기 제한 없이 외부공간 동반 가능
- 가능

BRUNCH
모소밤부 다이닝&카페
- 경기도 용인시 수지구 고기로 470 1층
- 화~일요일 10:00~20:00 / 휴무 월요일
- 견종, 크기 제한 없이 외부공간 동반 가능
- 가능

BRUNCH
아임유어마켓
- 경기도 용인시 처인구 양지면 남평로199번길 20 1층
- 화~일요일 11:00~20:00 | 휴무 월요일
- 견종, 크기 제한 없이 외부공간 동반 가능
- 가능

MEAL
그린그라스풍경 ★100% 예약제
- 경기도 광주시 오포읍 수레실길 155
- 매일 10:00~22:00
- 견종, 크기 제한 없이 글라스룸 E, 야외민트텐트 동반 가능
- 가능

MEAL
루트889
- 경기도 용인시 처인구 포곡읍 성산로 435
- 화~일요일 11:00~21:00 (Break Time 평일 15:00~16:30) / 휴무 월요일
- 소형견에 한해 외부공간 동반 가능
- 가능

PRIVATE PICNIC
앤드 모안 ★100% 예약제
- 경기도 용인시 처인구 원삼면 두창호수로 188
- 견종, 크기 제한 없이 동반 가능
- 가능

Space 1

기흥 레스피아
Giheung Respia

- 경기도 용인시 기흥구 하갈로 79
- 화~일요일 **3월~10월** 10:00~19:00, **11월~2월** 09:00~18:00 / 휴무 월요일

레스피아는 복원을 뜻하는 레스토레이션(restoration)과 이상향을 뜻하는 유토피아(utopia)의 합성어이다. 하수 처리 시설을 지하로 옮기고 그 위에 친환경 공원을 조성한 것이 레스피아다. 기흥에만 4개가 있는데 기흥호수공원과 맞닿은 기흥 레스피아를 자주 찾는다. 정확히 말하면 공원 내 반려견 놀이터가 목적지다. 별도의 입장료 없이 동물 등록을 마친 반려견이라면 자유롭게 이용할 수 있다. 제법 넓은 규모에 반려견 크기에 따라 공간이 나뉘어 안심하고 뛰어놀 수 있다.

입장과 동시에 우다다다. 펄럭이는 두 귀가 곧 날 것만 같다. 놀이터에 있던 친구들까지 합세해 단체 달리기가 열린다. 자신이 뒤처지자 의성어로는 표현할 수 없는 소리를 지른다. 마치 '거기 서!'라는 분한 절규처럼 들려 지켜보는 이들의 웃음이 터진다. 벤이 가장 좋아하는 것은 공놀이다. 오죽하면 별명이 '공미남(공에 미친 남자)'일까! 던지고 또 던져도 지칠 줄 모른다. 놀이터 내에서는 음식물 섭취가 금지되어 있다. 근처에는 식사를 할 장소가 마땅치 않아 미리 준비해 가거나 배달을 이용한다. 차 트렁크를 열고 휴대용 테이블을 깔자 한강 피크닉 부럽지 않다. 잠시 식사하는 사이, 벤은 다시 충전 완료.

Space 2

동탄호수공원
Dongtan Lake park

📍 경기도 화성시 동탄순환대로 67
🅿 전용 주차장 (최초 1시간 무료, 1시간 초과~3시간 이하 1,000원 추가)

총면적 약 181만 제곱미터, 산책로 길이만 4.5킬로미터에 이르는 대형 수변공원. 고층 아파트와 복합문화시설에 둘러싸여 이국적인 분위기를 자아낸다. 중심에는 18만 제곱미터에 달하는 자연 호수가 있다. 원형을 최대한 보존해 다양한 습지 식물과 생명을 만날 수 있다. 호수 둘레길과 자전거 전용도로가 나뉘어 있는 것도 장점이다. 곳곳에 피크닉이 가능한 테이블과 벤치가 마련되어 있다. 봄에는 벚꽃, 여름에는 메타세쿼이아 가로수, 가을에는 단풍이 절경을 이룬다. 물가를 따라 흐드러지게 핀 갈대 사잇길을 따라 걸으니 어느새 겨울이 성큼 다가왔음을 느낀다. 벤에게는 모든 것이 처음인 사계의 아름다움이다. 요즘 벤은 나뭇가지에 꽂혔다. 마음에 드는 나뭇가지를 발견하면 산책 내내 물고 다닌다. 자기 몸보다 더 긴 나뭇가지를 물고 좁은 길을 지나가느라 우왕좌왕 애쓴다. 이 엉뚱한 천진난만함이 진정한 비글미가 아닐까.

Behind the scene

함께 나뭇가지 한 작대기 할래요?

근데 피자를 시킨 거야,
콜라를 시킨 거야?

성동구

사랑하면 닮는다죠, 보리♡뚜지
서울숲
더블 데이트

> 감성적인 인테리어와 맛있는 디저트가 있는 곳이면 어디든 간다. 물론 보리, 뚜지와 함께할 수 있는 곳만 콕콕 집어서 말이다. 데이트 전날의 설렘은 최고조에 이른다. 미리 옷을 고르며, 어디를 갈지, 무엇을 먹을지 고민한다. 날이 좋아서, 날이 좋지 않아서, 날이 적당해서 함께하는 모든 날이 눈부시다.

Companion Dog

보리
2018년생, 3.4kg
집에서는 엄마 아들,
밖에 나가면 뚜지에게 충실한
남자친구

뚜지
2018년생, 2.1kg,
엉뚱한 애교쟁이 여자친구

Guardian

권윤희(보리 엄마)
서비스업
핫플 데이트를 즐기는
맞벌이 부부

이윤지(뚜지 엄마)
주부
와와 자매와 함께하는
4년 차 부부

Family Interview.

Q. 보리♡뚜지 러브스토리가 궁금한데요.(웃음)

A. 만난 지 2년 좀 넘었어요. 반려견 보호자 모임에 따라갔다 뚜지 언니를 만났죠. 관심사도 비슷하고 케미가 잘 맞아 자주 보게 됐어요. 보리와 뚜지도 어릴 때부터 알고 지내서 그런지 가족처럼 느끼는 것 같아요. 저희는 서로 남자친구, 여자친구라고 부르지만요.(웃음) 일주일에 한 번은 꼭 데이트를 하고요. 자주 볼 때는 세 번 만날 때도 있어요.

Q. 데이트만큼이나 준비하는 시간도 설레잖아요.

A. 정말 중요하죠! 내일 무슨 옷을 입힐지 언니하고 미리 상의해요. 장소에 따라 우아한 풍, 꾸러기 룩으로 분위기를 맞추거나 색깔을 테마로 잡기도 해요. 커플룩도 많아서 남친 여친 컨셉으로도 자주 입고요. 예전에는 내가 꾸미고 셀카를 찍었는데, 이제는 보리를 꾸미고 예쁘게 찍어주는 게 우선이에요. 평소 SNS를 하면서 가고 싶은 곳을 저장해뒀다가 정해요. 카카오맵에 저장된 반려견 동반 가능한 곳이 500개 정도는 되는 것 같아요. 저만의 '보리여지도'랍니다.

Q. 함께 다니면서 가장 좋은 점은 무엇인가요?

A. 보고만 있어도 좋은데, 함께 추억을 만들 수 있잖아요. 예쁜 풍경도 같이 보고, 좋은 분위기도 같이 느끼고, 맛있는 음식도 같이 먹고. 원래 사랑하면 모든 걸 공유하고 싶잖아요. 보리는 저한테 남자친구 같은 존재예요. 같이 놀러 갈 생각에 설레고, 떨어져 있으면 애틋하고, 같이 찍은 사진 보면서 혼자 바보처럼 웃고, 좋은 것을 보면 가장 먼저 떠오르는! 행복한 순간을 오래 간직할 수 있도록 사진도 꼭 찍고요. 다행히 보리는 사진 촬영을 간식 먹는 시간이라 생각하고 좋아해요. 사진 찍을 준비를 하면 그 자리에 가서 앉아 있어요. 시선 처리나 포즈도 척척, 인생샷도 금방 건진답니다.

Q. 많은 곳을 다니는 만큼 가장 신경 쓰는 펫티켓이 있다면요?

A. 보리가 예민한 편이라 낯선 환경에서 짖을까 봐 신경을 많이 쓰죠. 남에게 피해가 가지 않도록 수시로 반응을 살펴요. 반려견 동반 공간을 이용할 때는 반려가족을 위한 배려에 감사하는 마음이 기본이라고 생각해요. 우리가 펫프렌들리한 공간을 더 오래 이용하려면 펫티켓이 필수죠. 같이 다닌 곳을 SNS에 소개하면서 그런 책임감이 더 생겼어요. 사진도 가능한 곳에서만 찍고, 지켜야 할 점에 대한 정보들도 같이 나누려고 해요. 저희가 좋아하는 곳이 저희 때문에 반려견 금지가 되면 안 되잖아요.

성수동은 반려견 동반 가능한 곳이 많아 자주 찾아요.
언니와 저희 집 중간이기도 하고요. 산책할 수 있는
서울숲까지 있으니 완벽하죠. 요즘은 날씨가 너무 좋아서
피크닉을 하기 최고예요. 달달한 라즈베리 컵케이크를
먹으면서 봄을 만끽하다 보면 이보다 좋을 수 없어요.
솔직히 개린이들보다 우리가 더 힐링이랍니다.

DAILY ROUTE
한눈에 보는 코스

달콤 사르르한 데이트
빅토리아 베이커리

》 도보 5분

그냥 걷기만 해도 인기 스타
서울숲

》 도보 5분

맛도 기분도 푸딩푸딩
포동푸딩

성동구 서울숲 근처

COFFEE
구욱희씨
- 서울시 성동구 서울숲4길 12-22, 1~2층
- 매일 12:00~21:00
- 소형견에 한해 동반 가능
- 성동구민 종합체육센터 주차장

COFFEE
서울앵무새
- 서울시 성동구 서울숲9길 3 B1~2층
- 매일 08:00~23:00
- 소형견에 한해 동반 가능
- 성동구민 종합체육센터 주차장

COFFEE
센터커피
- 서울시 성동구 서울숲2길 28-11
- 화~일요일 10:00~21:00 / 휴무 월요일
- 견종, 크기 제한 없이 동반 가능 / 반려동물 퍼푸치노 있음
- 성동구민 종합체육센터 주차장

COFFEE
어라운드데이
- 서울시 성동구 서울숲2길 24-1
- 매일 12:00~21:00
- 견종, 크기 제한 없이 동반 가능 / 반려동물 메뉴 있음
- 성동구민 종합체육센터 주차장

COFFEE & OPTICAL SHOP
유즈풀 아뜰리에
- 서울시 성동구 서울숲2길 18-8
- 매일 11:00~20:00
- 견종, 크기 제한 없이 외부공간 동반 가능
- 성동구민 종합체육센터 주차장

COFFEE
eert
- 서울시 성동구 서울숲2길 19-17 1층
- 화~일요일 12:00~20:00 / 휴무 월요일
- 소형견에 한해 동반 가능
- 성수중학교 주차장

BRUNCH
체다앤올리
- 서울시 성동구 서울숲2길 32-14 (갤러리아포레 1층)
- 월~금요일 10:00~21:00, 토·일요일 09:00~21:00
- 소형견에 한해 동반 가능
- 가능

MEAL
버거점프
- 서울시 성동구 서울숲2길 32-14 A동 (갤러리아포레 1층 103호)
- 화~일요일 11:30~20:30 (Break Time 평일 15:00~17:00, 주말 15:00~16:00) / 휴무 월요일
- 견종, 크기 제한 없이 외부공간 동반 가능
- 갤러리아포레 주차장 1시간 무료

MEAL
엘더버거
- 서울시 성동구 서울숲2길 40-7 1층
- 매일 11:30~20:30 (Last Order 20:30)
- 견종, 크기 제한 없이 외부공간 동반 가능
- 성동구민 종합체육센터 주차장

MEAL
유가츠
- 서울시 성동구 성수동1가 668-89 지하1층
- 월~수·금요일 11:30~21:00, 토·일요일 11:30~20:30 / 휴무 목요일
- 소형견에 한해 동반 가능
- 성동구민 종합체육센터 주차장

Space 1

빅토리아 베이커리
Victoria Bakery

우리 동네에도 이런 빵집 하나 있으면! 대구의 핫플로 입소문을 탄 후 성수동으로 역주행 입점했다. 새하얀 벽돌 건물에 러블리하다는 말이 절로 나오는 인테리어는 SNS 인생샷 명소로 꼽힐만 하다. 커스터드 크림으로 꽉 채운 수제 도너츠와 프로스팅을 아낌없이 올린 라즈베리 컵케이크, 견과류로 맛을 낸 당근 케이크 등 눈과 입이 즐거운 디저트들이 즐비하다. 홀 케이크는 홈페이지에서 주문 가능하다. 야외 테이블에서 다이닝이 가능하지만 웨이팅이 긴 편이다. 오늘은 날이 너무 좋아 피크닉을 즐기기로 한다. 고민 끝에 몇 가지를 골라 빨간 체크무늬 상자에 담는다. 달콤한 설렘을 안고 서울숲으로 향한다.

- 서울시 성동구 서울숲2길 18-7
- 수~일요일 12:00~18:30 / 휴무 월·화요일
- 견종, 크기 제한 없이 동반 가능
- 성동구민종합센터 부설주차장 이용
- @ instagram.com/_victoria_bakery

Space 2

서울숲
Seoul Forest

- 서울시 성동구 뚝섬로 273
- 가능
- @ seoulforest.or.kr

한강과 빌딩 숲 사이로 푸름을 간직한 도심 속 쉼터로 문화예술공원, 생태숲, 체험학습원, 습지생태원 네 구역이 있다. 언제 와도 좋은 서울숲이지만 봄이 되면 더욱 핫하다. 8만 송이의 튤립이 피어나 형형색색 대지를 물들이기 때문이다. 메타세쿼이아의 연둣빛 새순과 어우러져 싱그러운 봄을 느낄 수 있다. 자주 오는 곳인 만큼 금방 예쁜 스팟을 찾아 찰칵! 둘 다 모델로 활동한 경력이 있을 만큼 포즈도 수준급이다. 귀여운 옷을 입고 가만히 있는 개들이 신기한지 지나가던 사람들도 카메라를 들이민다. 이놈의 인기! 잔디밭 가족광장과 도시락정원에는 피크닉을 즐기는 사람들로 생기가 흐른다. 테이블을 잡고 커피와 빵을 펼친다. 누가 깨 볶는 커플 아니랄까 봐 보리와 뚜지는 걸을 때도 나란히, 쉴 때도 찰싹 붙어 있다. 찰나의 봄을 놓쳤다면 여름에는 메타세쿼이아 길을, 가을에는 억새밭이 펼쳐지는 바람의 언덕을 걸어보자.

Space 3

포동푸딩
Podong Puding

- 서울시 성동구 서울숲2길 21
- 화~일요일 11:30~20:00 / 휴무 월요일
- 견종, 크기 제한 없이 동반 가능
- 가게 뒤 1대 가능
- instagram.com/podong_pudding

2021년 봄에 오픈한 신상 수제 푸딩 전문점. 크기는 작지만 깜찍한 외관과 캐릭터로 이미 존재감 뿜뿜이다. 방부제와 첨가물을 전혀 넣지 않고 우유와 생크림만으로 만든 순수 밀크 푸딩을 맛볼 수 있다. 밀크 푸딩을 기본으로, 메이플, 흑당, 생딸기 등 다양한 컬래버레이션을 선보인다. 라인업은 수시로 바뀌며 인스타그램에서 확인할 수 있다. 포토존 역할을 톡톡히 하는 노란 창문을 그냥 지나칠 보리와 뚜지가 아니다. 맞춤 노란 멜빵바지와 치마를 맞춰 입고 선글라스까지 쓰니 이보다 깜찍할 수 없다. 창밖으로 사람들이 하나둘씩 모여든다.

Behind the scene

보리 : 우리 엄마 샴푸 냄새 괜찮네
뚜지 : 은은해서 좋은 듯

아, 우리의 선글라스여

PART 4

동반이 되는 출근길
절반이 되는 월요병

콜리

두유

Column of Part 4

반려견과 함께 출근한다는 것

반려견을 데리고 출근할 수 있다면 반려견과 관련된 커리어로 전향하거나 아예 직업을 바꿀 수도 있다고 고민 상담을 하는 사람들이 많습니다. 반려견을 키우는 직장인 수는 계속 늘어나는데 펫프렌들리 문화를 가진 회사는 부족하기 때문이겠죠. 3년 전까지만 해도 국내에서 펫프렌들리 오피스를 거의 찾아볼 수 없었습니다. 일부 반려동물을 위한 서비스나 사료를 판매하는 회사 몇 곳을 제외하고 말이죠. 하지만 일이 년 사이 스타트업들이 인재 유치 전략의 하나로 반려견 동반 출근 제도를 속속 도입하고 있어 분위기가 빠르게 변하고 있다는 것을 느낍니다. 출근 시간대 지하철에서도 반려견을 이동가방에 넣고 다니는 직장인을 심심치 않게 볼 수 있고요.

**반려견과 함께 출근하면 어떤 점이 좋을까요?
회사와 동료들에게는 어떤 영향을 줄까요?**

반려견은 집에서 가족들 사이의 대화를 이끌어내고 딱딱한 분위기를 화기애애하게 바꾸는 주역이에요. 회사도 마찬가지입니다. 반려견은 형식적인 회사 분위기를 부드럽게 바꿀 뿐 아니라 동료들이 서로 친근하게 공감대를 형성하는 데 도움을 줍니다. 미국 미주리 대학의 연구에 따르면 동물과 함께 있을 때 사람은 세로토닌과 옥시토신 같은 행복 호르몬이 분출된다고 합니다. 업무 중에 생기는 스트레스도 반려견이 있으면 한층 완화되는 효과가 있죠. 또 다른 연구에 의하면 반려동물이 근무하는 회사의 업무 생산성이 그렇지 않은 곳에 비해 높다고 합니다. 다음 장에서 만나게 될 콜리를 보면 알 수 있습니다. 콜리는 코워킹 오피스로 출근하는데, 동료 직원들은 휴식이 필요하거나 집중력이 떨어졌을 때 보호자에게 허락을 구하고 콜리와 짧은 산책을 하거나 장난감을 던지고 노는 시간을 가집니다. 그러면 에너지가 회복되고 업무 생산성도 향상된다는 것입니다.

보호자 스스로 반려견이 근무(?)하기에 적합한 환경을 만드는 노력도 필요합니다. 취재 중 만난 공방은 약품이나 도구를 많이 사용하는 작업 환경을 고려해 상주하는 반려견이 위험물질에 접근하지 않도록 출입하는 구역을 분리하는 노련함을 보여주었습니다. 요즘은 헤어숍이나 네일숍 등에서도 직원의 반려견이 상주하는 곳이 많은데요, 약품을 많이 사용하는 곳일수록 반려견의 건강을 위해 자주 환기를 하고 짧게라도 바깥 산책을 하는 것이 좋습니다. 오피스에 반려견을 두고 자주 외근을 해야 하는 직종이나 외부인의 방문이 잦은 사무실이라면 낯선 사람에게 경계심을 보이는 반려견이 출근하는 것이 오히려 업무 분위기를 해칠 수도 있습니다.

회사의 배려도 필수적입니다

회사가 반려견 동반 출근 제도를 도입하기 위해서는 비반려인 직원의 입장도 동등하게 고려해야겠죠. 예를 들어 동물 알레르기를 가진 직원이 있는지 미리 조사하고 그 직원과 반려견이 머무는 공간을 분리하거나 회의를 할 때도 반려견이 회의실에 들어오지 못하도록 하는 것이 좋습니다. 엘리베이터가 여러 대 있다면 반려견이 이용할 수 있는 엘리베이터를 따로 지정해두어야 반려견 접촉을 피하고 싶은 직원들도 편안하게 이동할 수 있을 것입니다.

반려견과 함께 출근하는 것은 직장인 보호자들의 로망이죠. 누군가는 실제로 커리어를 바꿔 반려견과 함께하는 회사를 창업하고, 누군가는 함께 출근할 수 있는 회사를 찾아 이직하고, 또 누군가는 다니던 회사를 설득해 반려견 동반 출근이 가능한 분위기로 전환하는 데 성공합니다. 출근 준비는 내가 하고, 하루 종일 일도 내가 하고, 퇴근할 때 진땀 빼는 것도 내 몫이지만, 출근해서 퇴근할 때까지 놀고 먹고 자기만 하는 우리 월급루팡 강아지와 함께하는 것이 마냥 행복한 가족들의 펫프렌들리한 하루가 어떤 모습일지 만나볼까요?

성동구

회사와 동료의
이해심이 만들어낸
콜리의 사원증

힙스터들의 성지가 즐비한 성수동. 오랫동안 공장 지대였던 동네에 예술의 손길이 닿으면서 한국의 브루클린으로 떠올랐다. 고스란히 남아 있는 낡은 공장과 물류창고의 빨간 벽돌 건물 사이사이에 감각적인 카페와 음식점들이 둥지를 틀었다. 과거와 현재가 공존하는 거리는 더 나은 미래를 위해 달리는 밀레니얼들로 붐빈다. 다양성이 존중받는 세상을 꿈꾸며 콜리는 오늘도 씩씩하게 출근한다.

Family Interview.

Companion Dog

콜리
2017년생, 18kg
명석한 두뇌와 미친 운동량을 자랑하는 전형적인 보더콜리

Guardian

서소령
인하우스 디자이너
we walk together
& we work together!

Q. 강아지와 회사에 갈 수 있다니 너무 부러워요. 어떻게 같이 출근하게 되었나요?

A. 콜리와 함께 회사를 다닌 지 1년이 지나 이제는 어엿한 사원이랍니다. 특별한 계기가 있었던 건 아니에요. 그저 보더콜리였기 때문이라고 할까요. 운동량이 워낙 많거든요. 하지만 우리 가족은 모두 출근을 하기 때문에 콜리는 12시간가량 혼자 지내야 했어요. 그러다 제가 독립을 하게 되었죠. 고민하던 중 마침 회사가 반려견을 데리고 출근할 수 있는 곳으로 이사를 하게 되어 콜리와의 출근이 시작된거죠.

Q. 콜리는 성격이 좋아서 적응도 금방 했을 것 같은데요?

A. 이전까지는 콜리가 딱히 공간을 가리지 않는 편이라고 생각했는데 예상외로 사무실에 있는 것을 힘들어했어요. 적응하는 데만 거의 3개월 넘게 걸렸어요. 문앞에서 낑낑거리거나 제가 조금만 안 보여도 고음으로 울어댔죠. 콜리를 혼자 둘 수 없어 점심도 사무실에서 혼자 먹었어요. 그뿐만 아니라 워크숍을 가거나 미팅, 회의가 있을 때는 조율해야 할 점도 한둘이 아니었고요. 그런 부자유가 마치 발목에 채운 쇠사슬처럼 느껴져서 우울증 같은 증상을 겪기도 했어요.
　직장 동료들도 콜리가 짖거나 낑낑댈 때 꽤 힘들었을 거예요. 피해를 주는 것 같아 마음이 무거웠고, 그들도 불편함을 감수하면서도 제 눈치를 봤던 것 같아요. 하지만 회사가 먼저 문제를 인식하고 동료들과 적극적으로 소통하며 힘써 주었어요. 제도적으로 보완할 수 있는 부분을 제안해주었고요. 구성원 모두 열린 마음으로 불편을 감내해주어 너무 고마울 뿐이에요. 다행히 반년 정도 지나자 콜리는 완벽하게 적응했어요. 제가 없어도 차분하게 잘 기다리고, 동료들도 콜리와 보내는 일상에 익숙해졌고요. 동료들이 종종 일하다 스트레스를 받거나 콧바람이 쐬고 싶으면 저 없이 콜리랑 산책 갔다 오기도 한답니다.

Q. 동반 출근이 마냥 부럽게만 보였는데 여러 가지 힘든 점이 많았군요. 반려견과 출근을 계획하고 있는 이들에게 해주고 싶은 이야기가 있나요?

A. 사실 이렇게 힘들 줄 몰랐어요. 어느 누구도 얘기해주지 않았거든요. 반려견과 함께 출근한다는 것은 생각 이상으로 불편함을 감수해야 해요. 펫프렌들리한 기업 문화와 배려도 분명 필요하고요. 조바심을 내지 말고 주위의 목소리에 귀 기울이는 마음과 인내심이 필요합니다.

매일 출퇴근하며 지나다니는 길이에요. 출근길에 자연을 느낄 수 있다는 것은 축복이죠. 늘 똑같은 길을 걸어가지만 매일매일 다른 모습이에요. 사계절을 오롯이 느낄 수 있거든요. 콜리와 함께 출근하면서 가까이 있어도 평소에 보지 못했던 것들을 깨닫게 됐어요.

DAILY ROUTE
한눈에 보는 코스

우리만의 출근 우회로
송정제방공원

》 도보 15분

모두에게 열린 공간
헤이그라운드 서울숲점

》 도보 15분

반려견 전용 메뉴가 있는 식당
코시나

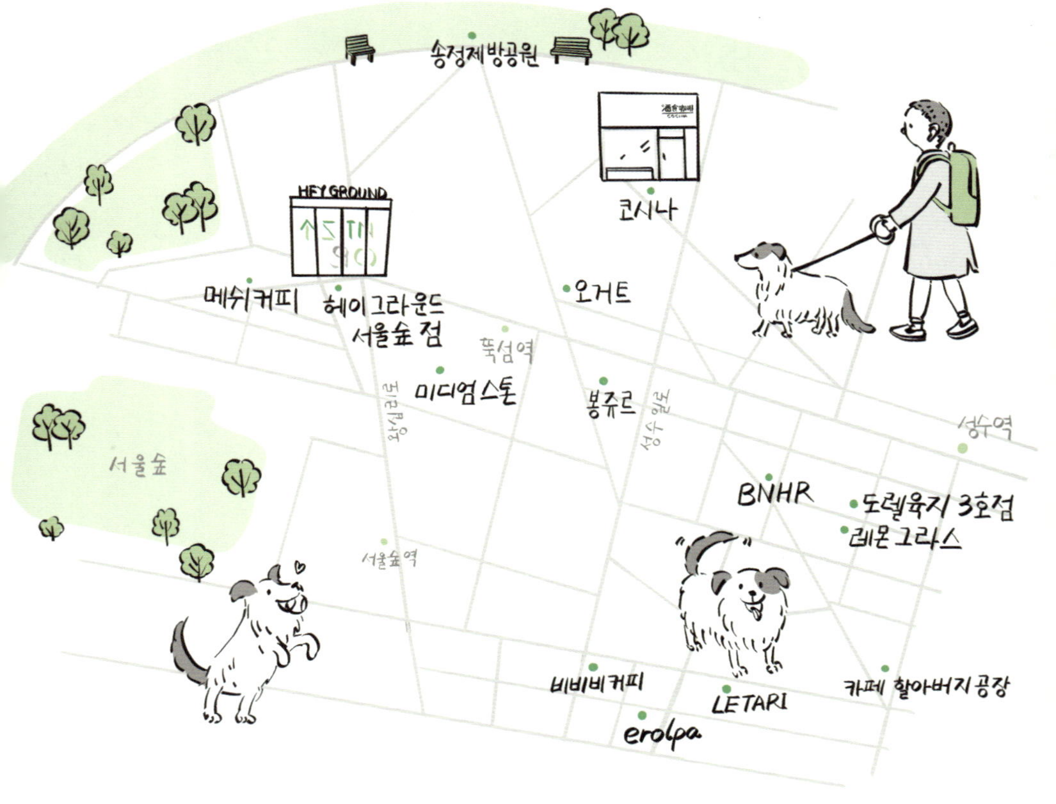

PLUS 추천 장소

성동구

COFFEE
도렐 육지3호점
- 서울시 성동구 연무장7길 11 1층
- 월~금요일 08:00~21:00,
  토·일요일·공휴일 11:00~21:00
- 견종, 크기 제한 없이 동반 가능
- 건물 주차는 주말만 가능, 카페 이용 시 할인권 있음

COFFEE
메쉬커피
- 서울시 성동구 서울숲길 43
- 월~금요일 08:30~17:00,
  토요일 10:00~18:00, 일요일 12:00~17:00
- 견종, 크기 제한 없이 외부공간 동반 가능
- 성동구민종합센터 부설주차장

COFFEE
미디엄스톤
- 서울시 성동구 왕십리로10길 18-1
- 매일 11:30~21:30
- 소형견에 한해 동반 가능
- 성동구민종합센터 부설주차장

COFFEE
비비비커피
- 서울시 성동구 성덕정3길 8 1층
- 화~일요일 11:00~21:00 / 휴무 월요일
- 견종, 크기 제한 없이 동반 가능
- 성수1가1동 공영주차장

COFFEE
BNHR
- 서울시 성동구 연무장5길 9-16 1층
- 수~월요일 12:00~20:00 / 휴무 화요일
- 견종, 크기 제한 없이 동반 가능
- 카페 이용 시 건물 지하주차장 1시간 무료

COFFEE
erolpa
- 서울시 성동구 둘레7길 15
- 매일 11:00~21:00 / 휴무 인스타그램 공지
- 견종, 크기 제한 없이 동반 가능
- 강변공영주차장

BRUNCH
카페 할아버지공장
- 서울시 성동구 성수이로7가길 9
- 매일 11:00~22:30
- 견종, 크기 제한 없이 외부공간 동반 가능
- 가게 앞 3대 가능

YOGURT
오거트
- 서울시 성동구 상원6나길 10 101호
- 금·토요일 12:00~18:00 (Break Time 14:00~16:00), 일요일 12:00~15:00 / 휴무 월~목요일
- 소형견에 한해 동반 가능
- 서울숲삼성IT밸리 주차장

MEAL
레몬그라스
★전화(010-4459-7022) 예약 추천
- 서울시 성동구 연무장길 41-26 1층
- 수~금요일 11:30~21:00,
  토·일요일 12:00~21:30 (Break Time 15:00~17:00) | 휴무 월·화요일
- 견종, 크기 제한 없이 동반 가능
- 근처 공영주차장

MEAL
봉쥬르
★평일 오후 3시 이후 동반 가능
- 서울시 성동구 상원2길 7
- 월~금요일 11:30~20:00,
  토·일요일 12:30~19:30
- 중·소형견에 한해 동반 가능
- 서울숲A타워 혹은 SK테크노빌딩 주차장

FARM & CAFE
LETARI
- 서울시 성동구 성덕정9가길 24
- 화~토요일 11:30~18:00 / 휴무 일·월요일·공휴일
- 견종, 크기 제한 없이 동반 가능
- 1~2대 가능

Space 1

송정제방공원

Song Jung
Embankment Park

📍 서울시 성동구 성수동1가
🅿 송정동 공영주차장 이용

중랑천 옆으로 난 송정제방을 따라 싱그러운 숲길이 펼쳐진다. 성동교에서 군자교까지 이어지는 총 3.2킬로미터 숲길에 은행나무, 벚나무, 플라타너스가 줄지어 있다. 봄에는 벚꽃축제, 가을에는 단풍축제가 열릴 만큼 절경을 자랑한다. 매일 아침 집에서 나와 이 길을 따라 사무실로 향한다. 15분 거리지만 콜리와 함께 여유롭게 천천히 산책한다. 우레탄이 깔린 제방길보다 아래쪽 흙길이 더 좋다. 오가는 사람이 많지 않아 대형견인 콜리도 좀 더 자유롭게 걸을 수 있다. 콜리는 흙을 밟고, 풀 냄새를 맡으며, 찬찬히 자연과 아침 인사를 한다. 어디선가 나무 막대기를 물고 와 던져달라고 장난을 치기도 한다. 콜리의 체력은 무한하고 보호자의 체력은 유한하니 출근 시간의 나무 막대기 놀이는 언제나 조심스럽다. 다시 집으로 향하는 길, 긴 하루가 저문다. 수고했어, 오늘도!

Space 2

헤이그라운드 서울숲점
Hey Ground

콜리가 매일 출근하는 이곳, 헤이그라운드는 100개의 회사와 1천여 명의 사회 변화를 만드는 체인지메이커가 모여 일하는 코워킹오피스. 사단법인 루트임팩트가 운영하는 곳으로 다양성을 존중하고 함께 사는 세상을 지향하며 입주 기업들의 성장을 돕는 프로그램이 마련돼 있다. 성수동에만 2개 지점이 있는데 그중 2호점인 서울숲점은 반려견 출입이 가능하다. 크고 작은 독립 오피스와 회의실, 카페 등 편의시설이 갖춰져 있으며 9층과 10층을 일컫는 스테이션910은 카페와 라운지바가 운영되고 있어 멤버가 아닌 일반인도 자유롭게 이용할 수 있다. 이곳으로 출근이나 방문을 희망하는 반려견은 홈페이지 또는 1층 컨시어지에서 반려동물 출입 등록을 하고 이용하면 된다.

10층에 들어서자 콜리가 헥헥거린다. 요즘 콜리는 이곳의 다트 기계와 사랑에 빠졌다. 아마도 빠르게 날아가는 다트핀이 콜리의 본능을 자극하는 듯. 사람들이 다트를 던질 때마다 콜리의 시선은 이리저리 움직이고 혓바닥이 들어갈 줄을 모른다. 다트에서 발걸음이 떨어지지 않는 콜리를 다독여 건물 옥상의 루프톱 라운지로 올라간다. 인조 잔디가 깔린 이곳에서 공놀이를 하고 장난감을 던지며 콜리와 놀아준다. 팔이 뻐근할 즈음, 콜리가 다시 공을 물어다 놓는 거리가 점점 멀어진다. 물어온 공을 보호자에게서 멀리 떨어뜨린다는 건 콜리도 꽤 지쳤다는 시그널이란다. 세수도 할 겸 화장실로 향한다. 콜리도 함께. '모두의 화장실'이라 불리는 이곳은 성별, 장애와 상관없이 모두가 이용할 수 있는 곳이다. 문앞 사인에는 당당히 반려견도 그려져 있다. 옆에 걸린 포스터 문구가 마음에 들어온다. '다름은 선물입니다.'

📍 서울시 성동구 왕십리로 115
🕐 월~금요일 10:00~18:00 / 휴무 토·일요일·공휴일 / 전화 02-6495-0281
🐾 반려동물 출입신청서 작성 후 입장 가능
🅿 건물 옆 주차장 가능
🔗 www.heyground.com
스테이션 910(9~10층) 투어 : 10F 커뮤니티 데스크 운영시간 내 현장 방문접수
스테이션 910 입점 스토어 : 프롬더바디(@fromthebody), HNAT(@hnat_seoul)

Space 3

코시나
Cocina

> 📍 서울시 성동구 성수일로11길 8 선일빌딩
> 🕐 화~금요일 11:30~22:00, 토·일요일·공휴일 12:00~22:00 (Last Order 21:00)
> 🐕 견종, 크기 제한 없이 동반 가능 / 반려동물 간식메뉴 있음
> 🅿 가게 앞 골목 가능
> @ instagram.com/joosikcoffee

이미 반려견 동반 식당으로 제법 유명한 곳이다. 시바견 스키가 듬직하게 가게를 지키고 있으며, 볕 좋은 날이면 통유리창을 열어 테라스에서 식사하는 듯한 기분이다. 펫프렌들리한 공간만큼이나 맛있는 음식으로 입소문을 탔다. 퓨전 경양식을 선보이는데, 대표 메뉴는 수제 함박스테이크와 채끝 스테이크 덮밥이다. 평일 점심 특선 메뉴인 수제 돈가스와 속풀이 라면의 조합도 꽤 매력적이다. 저절로 핸드폰 카메라를 켜게 되는 예쁜 플레이팅은 덤! 퇴근길에 들러 가볍게 맥주 한잔하기도 좋다. 음식이 나오자 콜리가 기웃기웃 테이블을 넘본다. 자주 오는 곳이다 보니 척하면 척! 호주산 채끝등심의 힘줄을 손질해 만든 반려견 전용 메뉴가 나오자마자 순식간에 그릇을 비운다. 콜리 입맛이 보장하는 이 메뉴는 현금 결제만 가능하니 참고할 것. 식당 내 리드줄은 필수이며 의자에 앉힐 때는 깔개나 쿠션을 보호자가 지참해야 한다.

Behind the scene

아빠, 다트 언제 던질 거야?

아빠, 얘는 누구야?

여기예요 여기
모두의 화장실!

마포구

브랜드 뮤즈이자 사업 파트너
떡국이와 작업실 오픈

어릴 때부터 강아지를 키우는 것이 꿈이었다. 대학생이 되고 떡국이를 만나면서 오랜 꿈을 이뤘다. 막막했던 진로의 갈림길에서 떡국이는 꿈꾸는 미래가 되었다. 떡국이 얼굴을 본떠 만든 석고 방향제를 시작으로 정말 하고 싶은 일을 찾아 세상과 소통할 수 있는 기회를 만났다. 이쯤 되면 귀인이 아닐까. 귀한 인연 떡국이와 함께 오늘도 한결같은 듯 새로운 동네 연남동을 걸어본다.

Companion Dog

떡국
2014년생, 6kg
의사 표현 확실한 고양이 같은 개. 손은 못 하는 것이 아니라 안 하는 것이다.

Guardian

김나형
반려동물 소품 부티크 CEO
떡국이와 둘이 사는 금손 미대 누나

Family Interview.

Q. 떡국이라니, 혹시 떡집을 하나요?

A. 정말 많이들 그렇게 물어봐요. 스튜디오를 떡집이라고 생각하는 사람들도 많고요. 하지만 아니에요. 그냥 설날 즈음에 가족이 되어서 떡국이가 되었답니다.

Q. 실제로는 떡이 아니라 떡국이랑 꼭 닮은 소품들을 판매하고 있잖아요. '떡국누나 사업'은 어떻게 시작하게 되었어요?

A. 미대에서 조소를 전공했어요. 졸업 후 유럽 여행을 가려고 아르바이트를 하며 여행 경비를 모으느라 고전 중이었죠. 쉬는 날 떡국이 얼굴을 본떠 석고 방향제를 만들어봤어요. 부모님 드리려고 가벼운 마음으로요. 인스타그램에 올렸는데 예상외로 반응이 좋은 거예요. 그때만 해도 이런 제품이 없었거든요. 사고 싶다는 메시지를 받게 되니 이걸로 여행 자금을 마련할 수 있겠다 싶었어요. 세뱃돈 15만 원으로 재료를 사서 알음알음 팔기 시작했죠. 결과적으로는 우리 떡국이가 저를 유럽 여행 보내준 셈이에요. 사실 여행 후에 좋아하는 작품 활동을 하면서 먹고살 수 있을까 고민이 많았죠. 여행을 다녀온 뒤에도 사고 싶다는 요청이 계속 들어왔어요. 내 재주를 필요로 하고 내가 만드는 것을 원하는 사람들이 있구나 하는 것을 느꼈죠.

Q. 이제는 떡국이뿐만 아니라 다른 견종들과 아이템도 다양해졌는데, 특별히 지향하는 방향이 있나요?

A. 반려동물과 반려인들이 함께할 수 있는 시간은 행복의 크기에 비해 너무 짧잖아요. 그래서 생활 속에서 자연스럽게 함께할 수 있는 제품을 만들고 싶어요. 예쁜 쓰레기보다는 쓰임이 있는 물건을 추구하고요. 반려동물을 키우는 사람이라면 매일 일터에 나갈 때마다 집에서 홀로 기다릴 아이들의 모습이 떠오르기 마련이잖아요. 아이들을 더 가깝게 느낄 수 있도록 실용적이면서도 사랑스러운 소품들을 만들고, 추억을 담을 수 있는 다양한 클래스도 기획하고 있어요.

Q. 떡국이와 계획해보는 버킷리스트가 있을까요?

A. 떡국이하고는 함께 출퇴근하고 거의 하루 종일 붙어 있지만 사무실에만 있다 보니 추억이 별로 없어요. 떡국이와 가족 모두 바다 여행을 가고 싶어요. 떡국이는 아직 한 번도 바다를 본 적이 없거든요. 앞으로 더욱 많은 경험을 하게 해주고 싶어서 얼마 전에 10년 차 장롱면허를 졸업하고 차도 마련했답니다. 바다를 다녀오면 또 다른 버킷리스트가 떠오르겠죠. 좋은 순간을 늘 함께하고 싶어요.

크리에이티브한 분위기가 좋아요.
미대생이었던 저에게 홍대는 언제나
영감을 주는 곳이었어요. 다양한 재료를 구할 수 있는
호미화방이 근처에 있고 전시 공간들도 많죠.
무엇보다 떡국이와 같이 즐길 수 있는
경의선숲길이 가까이 있어서 최고예요.

DAILY ROUTE
한눈에 보는 코스

곁에 머물고 싶은
사랑스러움을 만드는 곳
떡국누나 스튜디오

`도보 3분`

동네 마실처럼 정겨운 산책
경의선숲길
(연남동 구간)

`도보 15분`

떡국이도 라테 한잔
바잇미 연남점

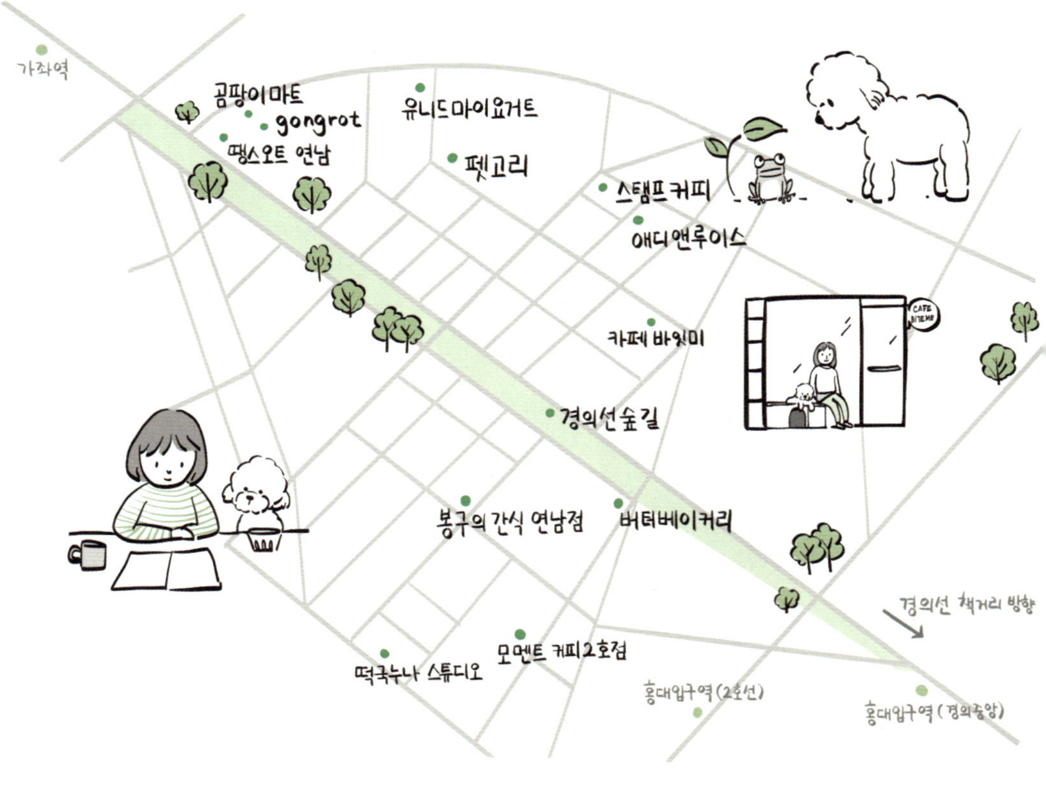

PLUS
추천 장소

마포구

COFFEE
버터베이커리
- 서울시 마포구 동교로 226
- 월~토요일 08:00~22:00, 일요일 09:00~22:00
- 견종, 크기 제한 없이 동반 가능
- 연남2 공영주차장

COFFEE
스탬프커피
- 서울시 마포구 성미산로 161-7 1층
- 화~일요일 12:30~20:00 / 휴무 월요일, 격주 화요일
- 소형견에 한해 동반 가능
- 연남동주민센터주차장

COFFEE
gongrot
- 서울시 마포구 동교로51길 129-6
- 매일 09:00~22:00
- 견종, 크기 제한 없이 외부공간 동반 가능
- 연남동주민센터주차장

BRUNCH
모멘트커피 2호점
- 서울시 마포구 월드컵북로4길 29 우퍼빌딩 102호
- 매일 12:00~22:00
- 소형견에 한해 동반 가능
- 연남2 공영주차장

YOGURT
땡스오트 연남
- 서울시 마포구 성미산로23길 68
- 매일 11:00~21:00
- 견종, 크기 제한 없이 동반 가능
- 연남동주민센터주차장

YOGURT
유니드마이요거트
- 서울시 마포구 성미산로29길 44
- 수~월요일 11:00~20:00 (금~일요일 21:00까지) / 휴무 화요일
- 견종, 크기 제한 없이 동반 가능
- 연남동주민센터주차장

SHOP
봉구의간식 연남점
- 서울시 마포구 동교로27길 50 1층
- 월~금요일 13:00~20:00, 토요일 13:00~19:00 / 휴무 일요일
- 견종, 크기 제한 없이 동반 가능
- 가게 앞 1대 가능

SHOP
애디앤루이스
- 서울시 마포구 성미산로 160 1층
- 매일 13:00~22:00
- 견종, 크기 제한 없이 동반 가능
- 연남4 노상 공영주차장

SHOP
펫고리
- 서울시 마포구 성미산로29길 30-3 B1층
- 월~금요일 11:00~21:00, 토요일 11:00~20:00 / 휴무 일요일
- 견종, 크기 제한 없이 동반 가능
- 연남동주민센터주차장

PUB
곰팡이마트
- 서울시 마포구 동교로51길 129-4
- 매일 12:00~22:00
- 견종, 크기 제한 없이 외부공간 동반 가능
- 연남동주민센터주차장

Work Space 1

떡국누나 스튜디오
Tteokguk Nuna Studio

📍 서울시 마포구 동교동
@ instagram.com/tteokguk_nuna_official

떡집 아님 주의! 수많은 떡국이들이 탄생하는 떡국누나의 공방이다. 매일 아침 떡국이는 이곳으로 함께 출근한다. 브랜드의 뮤즈로서 미팅에도 참여하고 모델로 활동하기도 한다. 손님이 오면 버선발로 달려 나가 맞이한다. 킁킁킁 냄새를 맡는데 공항 뺨치게 꼼꼼한 입국 심사가 끝나야 들어올 수 있다. 하지만 곧 언제 그랬냐는 듯 무릎에 올라와 친화력을 자랑한다. 스튜디오는 그동안 탄생한 떡국이 시리즈와 친구들로 아기자기하게 꾸며져 있다. 사무실과 작업실 공간으로 나뉘어 있는데, 도구들이 많은 작업실은 떡국이 출입 금지. 최근 같이 조소를 전공한 친동생이 합류하면서 아이디어와 제품의 폭이 한층 더 넓어졌다. 회의가 한창 이어지자 떡국이가 갑자기 입구 쪽에 있는 딸기 모양 집 위에 올라가 끙끙거린다. 마치 종을 치는 것과 같은 불만의 표시다. 관심 혹은 산책이 필요한 때다. 심각한 분위기도 금세 화기애애해진다. 떡국아, 산책 갈까?

Space 2

경의선숲길
(연남동 구간)

Gyeongui Line Forest park

📍 서울시 마포구 연남동(홍대입구역 3번 출구)

뉴욕 센트럴파크 부럽지 않은 일명 연트럴파크. 1900년대 초반 용산과 신의주를 이은 우리나라 최초의 철길 경의선. 더 이상 기차가 다니지 않는 철길은 공원으로 재탄생했다. 연남동 구간은 언제나 북적북적 가장 생기 넘치는 곳이다. 실개천이 흐르는 숲길을 따라 개성 있는 카페와 공방들이 들어서 있다. 떡국누나 스튜디오도 그중 하나. 잠시 쉼표가 필요할 때면 떡국이와 은행나무길을 걷는다. 불과 며칠 전까지 노란 절정을 이루던 나뭇잎들이 어느새 낙엽이 되었다. 차디찬 날씨에도 산책 나온 친구들이 제법 많이 보인다. 사람보다는 반려견으로 서로를 알아본다. 안부를 묻고 새로운 소식도 공유한다. 친근한 분위기의 동네 마실이 정겹다. 더욱이 홍대입구역 6번 출구로 나오면 경의선 책거리가 시작된다. 아날로그 감성을 느낄 수 있어 함께 가봐도 좋다.

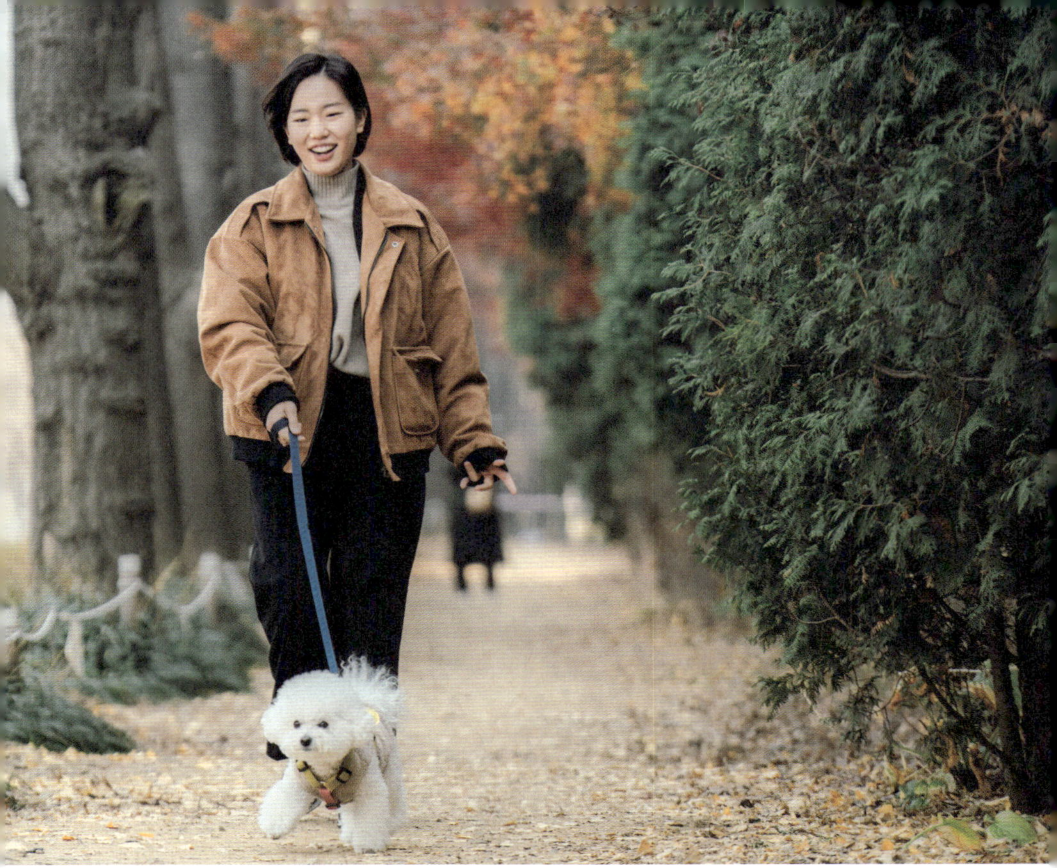

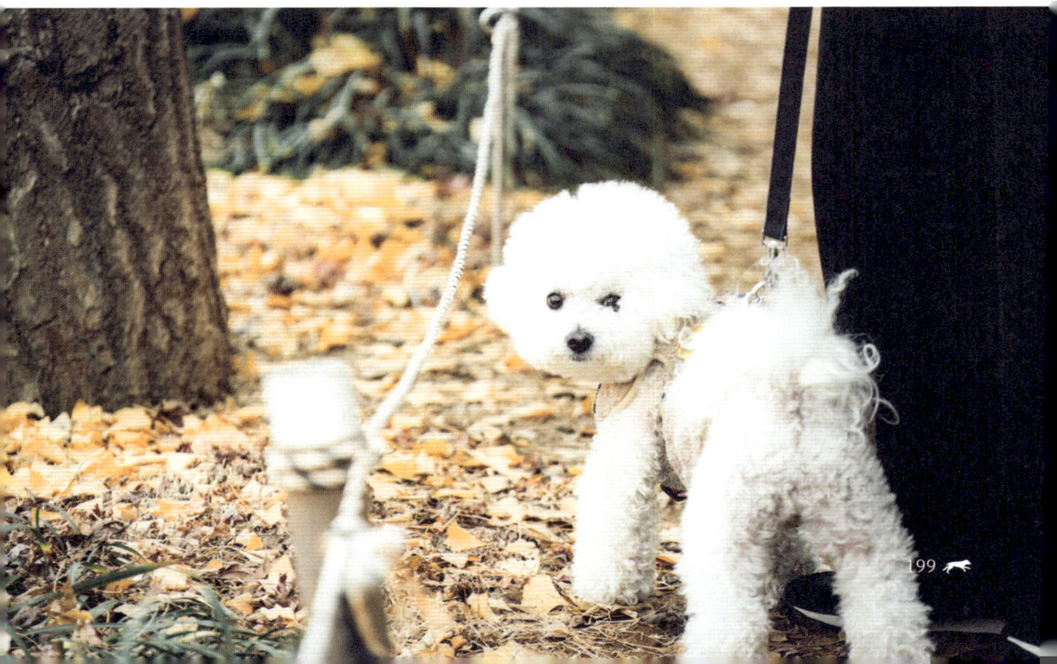

Space 3

바잇미 연남점
Cafe Bite me

- 서울시 마포구 동교로41길 8 1층
- 매일 12:00~21:00
- 견종, 크기 제한 없이 동반 가능 / 반려동물 방석, 물그릇 제공
- 연남3 공영주차장 이용
- instagram.com/cafe_biteme

반려동물 라이프스타일 브랜드 '바잇미'에서 오픈한 쇼룸 겸 카페. 신사점에 이은 2호점으로, 바잇미의 다양한 제품들을 직접 만나볼 수 있다. 인공첨가물이 들어가지 않은 수제 간식과 귀여운 장난감들이 유명하다. 반려견과 함께 쉴 수 있는 공간도 마련되어 연남동 사랑방 역할을 톡톡히 한다. 추천 메뉴는 딸기 연유 라테와 핫에그 케이크. 마스코트 강아지 두부를 연상시키는 모양의 에그 케이크는 귀여운 데다 맛까지 좋다. 우리만 맛있으면 서운하다. 떡국이를 위한 퍼푸치노를 주문한다. 락토프리 우유 거품에 황태 가루를 올린 반려견 전용 메뉴. 떡국누나가 커피 한 모금의 여유를 막 즐기려는데 떡국이는 이미 몽글몽글한 퍼푸치노를 비워냈다.

Behind the scene

주말 참 짧았다
떡국이 출근해떡!

누나 오른발 먼저래도~

아니야
그쪽 말고 저쪽 먹을 거

PART 4

A day of
Doo-U

송파구

Do you know Doo-U?
영어 학원
두유의 출석 체크

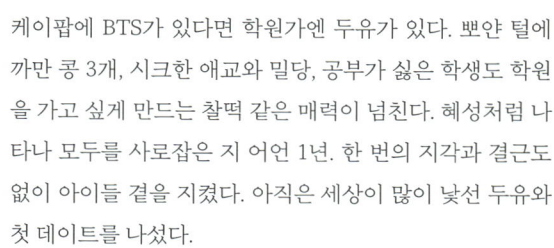

케이팝에 BTS가 있다면 학원가엔 두유가 있다. 뽀얀 털에 까만 콩 3개, 시크한 애교와 밀당, 공부가 싫은 학생도 학원을 가고 싶게 만드는 찰떡 같은 매력이 넘친다. 혜성처럼 나타나 모두를 사로잡은 지 어언 1년. 한 번의 지각과 결근도 없이 아이들 곁을 지켰다. 아직은 세상이 많이 낯선 두유와 첫 데이트를 나섰다.

두유
2019년생, 2.5kg
직책: 학원 영업부장

최성일
영어학원 운영
여섯 조카들의 우상, 최애 삼촌

Family Interview.

Q. 두유 직책이 남다른데요(웃음).

A. 우리 학원의 마스코트이자 영업부장이에요. 보통 아이들이 처음 학원에 상담하러 올 때는 마지못해 끌려오다시피 하는 경우가 대부분이거든요. 뾰로통한 얼굴로 학원 다니기 싫다던 아이가 두유를 보고는 여기 다니겠다고 하면서 표정이 환해져요. 두유가 온 후 아이들이 학원 가는 걸 즐거워하니 부모님들도 덩달아 좋아하고요. 심지어 학원에 오기 전에 두유가 있는지 미리 확인하는 부모님도 있어요. 혹시나 실망할까 봐 자리를 비울 수가 없답니다.(웃음)

Q. 아이들과 함께하는 공간이라 신경 쓰이는 점도 많을 것 같은데, 같이 출근하게 된 계기가 있나요?

A. 두유는 다른 집에서 방임되던 아이였어요. 70대 할머니가 펫숍에서 사 와 작은 방에 가둬놓고 키웠죠. 크지 말라고 사료를 하루에 소주잔 한 컵 정도씩 주고, 패드도 일주일에 한 장씩만 갈아주고, 목욕도 안 시키고요. 산책은커녕 태어나 1년 반을 어두컴컴한 방에서 혼자 보냈죠. 겨우 설득해서 데리고 왔는데 또 혼자 두고 싶지는 않았어요.

Q. 두유에게 진정한 가족이 생겨서 다행이에요.

A. 첫날 부들부들 떨며 집에서 나오지도 못하는 모습을 보고 과연 바뀔 수 있을까 걱정을 많이 했어요. 겨우 나오는가 싶더니 방문턱 앞에서 덜덜 떨며 넘지를 못하고, 산책을 가도 사지가 풀려 대자로 뻗어버렸어요. 시간만이 답이라 생각하고 기다렸더니 어느 순간 슬쩍 다가와 제 무릎 위에 앉더라고요. 생각보다 빨리 마음의 문을 열었어요. 여러 사람을 만나 보는 경험도 필요할 것 같아 5분 거리에 사는 여동생네와 번갈아가며 지내고 있어요. 그 집에는 대학생, 고등학생, 초등학생 조카들이 있거든요. 조카 친구들도 자주 놀러 오고요. 막내 조카가 태어나고 가족사진을 새로 찍어야지 하면서 10년 동안이나 미뤘는데, 얼마 전 두유 입양 기념으로 온 가족이 모여 스튜디오 촬영을 했답니다.

Q. 집에서도, 학원에서도 이제 두유는 외롭지 않겠어요. 학원에서는 어떻게 지내나요?

A. 두유와 대면하기 전 학원 학생들에게 강아지 대하는 법을 먼저 가르쳐줬어요. 먼저 섣불리 만지지 않기, 손을 바닥부터 천천히 보여줘 냄새 맡게 하기, 간식 주는 방법 등이요. 우르르 몰려오면 무서워할 수도 있으니 두유와 제가 방에 있고 두세 명씩 들어와서 간식을 주었어요. 학원 끝나고 두유랑 놀다 오라며 간식을 챙겨주는 부모님도 계시고요. 예전에 다녔던 학생이 두유 생각난다며 선물을 가지고 오기도 해요.

작년 코로나로 학생 수가 50% 이상 줄고 막막했을 때
두유를 만났어요. 접어야 하나 고민이 많았는데
두유와 함께 출근했기에 견딜 수 있었어요.
적막하게 텅 빈 학원에서 두유 재롱 덕에 웃을 수 있었고,
위축될 때마다 산책 훈련을 핑계 삼아
밖에 나가 걷기도 하고요. 제가 두유를 구한 것이 아니라,
두유가 저희를 도와주러 온 것 같아요.

DAILY ROUTE
한눈에 보는 코스

따뜻한 손길이 가득한
더 써밋 어학원 » 차량 10분

파리의 살롱에서 브런치
꼬앙 드 파리 » 차량 5분

연둣빛 햇살 아래 깡충깡충
올림픽공원

카페 리오

브로일링커피 강동점

미드데이썬

캘리포니아 보이

WAAAH

몽촌토성역

올림픽공원

한성백제역

차고 버거

올림픽공원 역

골든 타이

무스커피

렌토

르쉬드 서울

대술커피

꼬앙드파리

프로퍼커피바

송파나루역

오금역

더 써밋 어학원

PLUS
추천 장소

송파구·강동구

COFFEE
대즐커피
- 서울시 송파구 위례성대로14길 7-16 1층
- 평일 10:00~18:00, 주말 12:00~21:00 / 휴무 수요일, 첫째 주 목요일
- 견종, 크기 제한 없이 동반 가능
- 가게 앞 2대 가능

COFFEE
렌토
- 서울시 송파구 위례성대로12길 5-6 1층
- 매일 09:00~22:00 / 휴무 월요일
- 견종 크기 제한 없이 동반 가능
- 가게 앞 6대 가능

COFFEE
무스커피
- 서울시 송파구 가락로42길 12 라메종 폴크 1층 101호
- 매일 09:00~22:00
- 견종, 크기 제한 없이 동반 가능
- 가능

COFFEE
미드데이썬
- 서울시 강동구 양재대로91나길 55
- 11:00~22:00 / 휴무 첫째 주 월·화요일
- 견종, 크기 제한 없이 동반 가능
- 가게 앞 2대 가능

COFFEE
브로일링커피 강동점
- 서울시 강동구 성내로10길 9-6 1층
- 월~금요일 08:00~21:00, 토·일요일 11:00~21:00
- 견종, 크기 제한 없이 동반 가능
- 가게 앞 2대 가능

COFFEE
카페 리오
- 서울시 강동구 올림픽로60길 14 1층
- 월~토요일 10:00~21:00, 일요일 11:00~18:00
- 견종, 크기 제한 없이 동반 가능
- 가게 옆 1대 가능

COFFEE
프로퍼커피바
- 서울시 송파구 위례성대로22길 6 유진빌딩
- 월~토요일 10:00~22:30 / 휴무 일요일
- 견종, 크기 제한 없이 외부공간 동반 가능
- 가능

BRUNCH
르쉬드 서울
- 서울시 송파구 위례성대로12길 18
- 월~금요일 11:00~22:00, 일요일 12:00~22:00 / 휴무 토요일
- 견종, 크기 제한 없이 동반 가능
- 가능

BRUNCH
차고버거
- 서울시 송파구 오금로11길 61-11 엘엠오피스텔 1층
- 화~토요일 11:00~21:30, 일요일 11:30~21:00 (Break Time 평일 15:00~17:00) / 휴무 월요일
- 소형견에 한해 동반 가능
- 가게 앞 1대 가능

BRUNCH
WAAAH
- 서울시 강동구 양재대로81길 61 올림픽파크플러스 105호
- 화~일요일 10:00~22:00 / 휴무 월요일
- 견종, 크기 제한 없이 동반 가능
- 가게 앞 2대 가능

MEAL
골든타이
- 서울시 송파구 위례성대로 66
- 매일 11:00~22:00
- 중·소형견에 한해 외부공간 동반 가능
- 가게 앞 공영주차장 이용 시 가게에 문의 후 주차비 할인

MEAL
캘리포니아 보이
- 서울시 강동구 성안로3길 13
- 매일 16:00~00:00
- 소형견에 한해 동반 가능
- 가게 앞 1대 가능

Work Space 1

더 써밋 어학원
The Summit English Academy

📍 서울시 송파구 동남로 211 4F
@ 02-430-4991

영어 도서관과 함께 운영하는 영어 전문 학원이다. 두유는 화요일과 목요일, 일주일에 두 번 출근한다. 정식 근무 시간은 오후 1시부터 저녁 9시까지, 하지만 일찍 출근해 수업 준비를 하는 모범 사원이다. 초기에는 비정규직이었으나 학생들의 요청으로 정규직이 되었다. 자연스레 화·목반은 두유 팬들 위주로 결정되었다. 오후 1시 30분이 지나자 두유 이름을 부르며 아이들이 하나둘 들어온다. 본 수업은 2시부터이지만 두유를 보려고 조금 더 일찍 오는 것이다. 간식과 인형 놀이, 책 읽어주기 등으로 두유의 관심을 끌며 웃음꽃이 터진다. 교실에는 두유의 쿠션과 식기가 놓여 있다. 임시로 햇반 용기에 두유의 물을 담아두었는데, 그 모습을 본 학생이 용돈을 모아 두유 전용 밥그릇을 선물한 적도 있다. 자칫 딱딱할 수 있는 학원이라는 공간에서 두유는 사람의 따뜻함을, 아이들은 생명을 사랑하는 마음을 서로 배워가는 중이다.

Space 2

꼬앙 드 파리
Coin de Paris
★ 예약제 운영

📍 서울시 송파구 마천로7길 18
🕐 네이버 예약 화~토요일 11:30~18:00 / 휴무 일요일, 월요일
🐶 견종, 크기 제한 없이 동반 가능 / 반려동물 물그릇 제공
🅿 근처 하나로마트 유료주차장 이용
@ instagram.com/coindeparis_

파리의 옛 살롱을 떠올리게 하는 고풍스러운 카페다. 이곳에서만큼은 잠시 아메리카노를 잊도록 하자. 이곳을 운영하는 티 소믈리에가 직접 블렌딩한 특별한 차를 맛볼 수 있다. 시그니처는 크렘브륄레 밀크티와 모스카토 다스티. 모스카토 다스티는 논알코올 티 샴페인으로, 상큼달달하면서 청량한 맛이 특징이다. 잠봉뵈르와 크루아상 등 프렌치 브런치를 선보이는데, 수제 루콜라 페스토로 만든 콜드파스타는 라임과 메이플 시럽을 곁들이는 독특한 조합으로 호평받고 있다. 카페가 낯설 텐데도 두유는 불안한 기색 하나 없이 편해 보인다. 앞으로 종종 나오기로 하고 다음 데이트를 약속한다. 반려견이 깔고 앉을 매트나 쿠션 등을 준비해 가야 하니 참고하자.

Space
3

올림픽 공원
Olympic Park

📍 서울시 송파구 올림픽로 424
🅿 가능
@ olympicpark.kspo.or.kr

43만 평에 달하는 거대한 공원으로 충분히 돌아보려면 반나절은 잡아야 한다. 공원 지도를 살펴보고 산책 동선을 미리 정할 것을 추천한다. 넓은 잔디광장과 조각공원, 미술관 등이 있고 몽촌토성과 풍납토성 등 백제시대 유적을 간직한 곳이다. 대표적인 포토존은 나홀로 나무지만, 나무가 있는 잔디광장은 반려견 출입이 제한돼 있어 먼발치에서 기념사진으로만 남겨본다. 긴 나들이에 두유는 신이 났다. 냄새를 맡고 깡충깡충 비둘기를 쫓기 바쁘다. 내려놓으면 얼음이 되던 모습은 더 이상 찾아볼 수 없다. 연둣빛 새싹만큼 두유의 세상에도 새살이 돋았나 보다.

Behind the scene

누가 꽃이개

영업부장 두유의
출퇴근 OOTD

PART 5

우리 가족 분위기
360도 달라지는 중

아키

레오

땅콩이

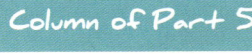

우리집 막내로 반려동물을 맞이하는 것
: 입양부터 펫로스까지

우리나라에서 반려동물과 함께 사는 사람이 무려 1,530만 명(638만 가구)에 이른다고 합니다(2020 동물보호 국민의식조사). 몇 년 전만 해도 '400만 가구 1천만 반려인 시대'라고 불렀는데, 이제 '600만 가구 1,500만 반려인 시대'라고 해야 할 것 같습니다.

또 다른 조사(2018년 반려동물에 대한 인식 및 양육 현황 조사 보고서)에서 반려인에게 '생활에 가장 큰 기쁨을 주는 것'을 물었더니 반려동물이 1위, 다른 가족 구성원이 2위를 차지했습니다. 다른 가족보다 반려동물이 더 큰 기쁨을 주는 존재라는 것이죠. 저는 그 이유가 반려동물이 주는 '차별 없는 사랑'이라고 생각합니다.

반려동물은 언제나 100% 최선을 다해 우리를 사랑합니다. 내가 실수해도, 잘못해도, 못생겨도, 공부를 못해도, 회사에서 혼나고 와도 나를 꾸짖지 않고 무조건 사랑해줍니다. 내 직업이 뭔지, 돈이 얼마나 있는지, 몸무게가 얼마인지 따지지 않고 언제나 내 편이 되어주죠. 이런 반려동물을 어찌 사랑하지 않을 수 있을까요? 이처럼 반려동물은 우리의 삶에서 떼려야 뗄 수 없는 존재가 되었습니다.

하지만 반려동물과 함께하는 삶이 언제나 기쁨과 행복으로 가득한 것은 아닙니다. 동물 때문에 이웃과 갈등이 생기기도 하고, 여행, 이사, 유학, 결혼 등 인생 계획이 달라지기도 합니다. 아프면 동물병원에 데려가야 하고, 미처 예상치 못한 비용이 발생하기도 하죠. 그리고 언젠가 이별의 아픔도 겪어야 합니다. 예전보다 수명이 많이 늘었지만, 여전히 반려견과 반려묘의 평균수명은 사람보다 훨씬 짧기에 영원히 떠나보내고 힘든 시간을 보낼 수 있습니다. 따라서 우리 집 막내를 맞이하기 전에 신중하게 고민해야 합니다.

반려동물 입양 전 꼭 고려해주세요.

 모든 가족이 동의했나요?

반려동물을 들이기 전에 모든 가족 구성원이 충분히 고민해야 합니다. 특히 일부 가족 구성원(어린 자녀)이 원해서 반려동물을 입양할 경우, 돌봄에 대한 의무와 책임감에 대해 미리 얘기를 나누시길 바랍니다.

 생활 방식과 주거 환경에 적합한 동물을 선택했나요?

동물의 종, 크기, 나이, 활동성 등이 생활 방식과 환경에 맞지 않아서 양육을 포기하는 경우가 있습니다. 반려동물 파양은 보호자뿐만 아니라 동물에게도 큰 상처가 될 수 있다는 점을 기억해주세요.

 반려동물과 함께 보낼 시간이 있나요?

반려견은 기본 예절 교육, 배변 교육, 사회화 교육 등이 필요하고, 매일 충분한 운동을 해야 합니다. 꽤 많은 시간과 인내심이 필요한 일이죠.

 양육 비용을 생각해보셨나요?

사료, 간식, 용품, 건강검진 등 반려동물 양육에는 정기적인 비용이 발생합니다. 또한, 출장이나 여행 등으로 인한 돌봄 비용과 질병 치료 등 부정기적인 비용도 생길 수 있습니다.

 기본 의무 사항을 알고 계신가요?

동물 등록, 외출 시 안전장치와 인식표 착용 등 반려견 양육을 위해 지켜야 할 법적 의무 사항들이 있습니다. 이를 지키지 않으면 과태료가 부과되죠.

 평생 함께할 수 있나요?

반려동물의 평균수명은 15년 정도입니다. 결혼, 이직, 이사 등 어떤 경우에도 반려동물을 포기하지 않고 책임질 수 있는지 생각해봐야 합니다. "동물을 입양하는데 뭘 이렇게까지 고민해야 하느냐?"고 묻는 분도 있지만, 장난감을 사는 게 아니라 생명을 들이는 일이기에 신중해야 합니다.

반려동물 양육에 대한 선입견과 편견이 있으신가요?

신중한 것은 좋지만 '반려동물은 애들 건강에 안 좋아', '1인 가구는 동물을 키우면 안 돼'라는 선입견은 없으면 좋겠습니다. 흔히 반려동물의 털이 어린아이들에게 알레르기를 일으킨다고 생각하지만, 어릴 때부터 2마리 이상의 개, 고양이와 함께 산 아이들이 오히려 각종 알레르기로부터 해방된다는 점이 과학적으로 입증됐습니다. 또한 반려동물과 함께 생활하는 아이들이 더 건강하고, 심리적으로 안정을 느끼며, 대화 능력과 공감 능력도 높았습니다. 오히려 부모님이 먼저 아이에게 "반려동물을 양육해볼까?"라고 물어봐야 하지 않을까요?

1인 가구도 반려동물을 잘 양육할 수 있습니다. "1인 가구가 출근을 하고 학교에 가버리면, 반려동물이 방치된다며 양육할 자격이 없다"고 말하는 분도 있습니다. 하지만 보호자가 얼마큼 반려동물을 생각하고 정성과 노력을 기울이는지가 중요할 뿐 1인 가구인지 아닌지는 중요하지 않습니다. 4인 가족이라도 모든 가족 구성원이 반려견과 놀아주지 않는 경우도 있는 반면, 퇴근 후 매일 반려견과 산책하는 1인 가구도 많습니다. 또한 펫시터, 도그워커, 반려동물 유치원 등 반려동물 돌봄 서비스도 많이 늘어났습니다. 따라서 유기동물 입양 시에도 '혼자 사는 직장인'을 무조건 제외하는 평가 시스템은 조금 바뀌어야 하지 않을까 생각합니다.

반려동물과 이별하기 전 우리는 무엇을 준비해야 할까요?

저는 현재 14세 반려묘 '루리'와 함께 살고 있습니다. 루리는 이제 누구도 반박할 수 없는 노령 동물입니다. 우리나라에서 많이 양육하는 소형 품종을 기준으로, 반려견·반려묘의 나이 7세부터 노령화가 시작되고, 11세에는 노령견·노령묘라고 봅니다. 정기적으로 건강검진을 받고 수년째 관리 중인 비뇨기 질환 이외에는 아픈 곳이 없지만, 수의사인 저조차 언젠가 다가올 '루리와의 이별'이 많이 걱정됩니다. 그러나 죽음이라는 자연의 섭리를 거스를 수는 없기에 우리는 미리 준비를 해야 합니다.

집 안에 급격한 변화 주지 않기, 위험 요소 제거하기

: 시력, 청력 등 감각이 둔화하면서 여기저기 부딪히고, 퇴행성관절염으로 침대, 소파 등에 올라가려다 다칠 수 있습니다. 웬만하면 가구 배치를 바꾸지 말고, 계단이나 경사로, 모서리 보호대를 설치해주세요.

소소한 추억 쌓기, 사진 동영상 많이 남기기

: 반려동물을 떠나보낸 뒤 추억을 되새길 사진과 영상이 없어서 후회하는 분들이 많습니다. 미리 사진과 영상으로 추억을 남겨놓으세요.

같이 해보고 싶었던 일 하기(버킷리스트)

: '거기 같이 가볼걸', '그거 꼭 먹게 해줄걸' 등의 후회가 없도록 버킷리스트를 만들어서 반려동물과 하나씩 해보시길 바랍니다.

반려동물 장례 정보 알아두기

: 반려동물을 보낸 직후에는 경황이 없어서 장례 관련 정보를 제대로 알아보기 힘듭니다. 불법 장례 식장을 이용하고 후회하는 분도 많죠. 미리 정보를 알아두시길 바랍니다.

5

예측 슬픔을 인정하고, 감정적으로 준비하기

: 반려동물과의 이별은 큰 슬픔을 줍니다. 동물과의 애착 정도에 따라 슬픔의 종류, 정도, 기간이 달라집니다. 나와 반려동물의 애착 관계를 미리 생각해보고, 이별 후 내가 느끼게 될 슬픔을 예측해보세요.

6

주변 사람에게 미리 도움을 부탁하기

: 다가올 이별의 날에 나를 도와줄 수 있는 사람에게 미리 도움을 요청하세요. "우리 코코가 곧 떠날 것 같은데, 그때 내가 많이 힘들 것 같아"라고 얘기하면 "힘들 때 어깨를 빌려줄게", "동물병원에 같이 가줄게"라고 말해주는 지인이 있을 겁니다.

7

주치의 수의사와 이야기 많이 나누기

: 반려동물의 건강 상태를 가장 잘 알고 있는 수의사 선생님과 이야기를 많이 나누세요. 우리 아이의 현재 상황을 정확하게 판단할 수 있습니다.

정기적으로 건강검진 해주기

: 사람에게 생길 수 있는 질병은 반려동물에게도 모두 생길 수 있습니다. 또한 동물들은 통증을 잘 참고, 아프다고 말하지 못합니다. 따라서 정기적인 건강검진이 중요합니다.

미리 둘째 입양 고려하기

: 반려동물을 떠나보낸 슬픔에 대체품을 찾듯이 동물을 입양하는 분들이 있습니다. 동물에 대한 예의가 아닙니다. 첫째가 10세가 넘어가면 미리 둘째 입양을 고려해보시길 바랍니다.

정신건강의학과 전문의, 심리상담사 등 전문가에게 상담받기

: 반려동물과 이별한 뒤 펫로스 증후군 때문에 전문가 상담을 받는 분들이 꽤 있습니다. 이별 후 겪을 아픔이 너무 걱정된다면 이별 전에도 상담을 받을 수 있으니 전문가를 통해 힘을 얻으시길 바랍니다.

수의사 이학범 _데일리벳 대표

'글 쓰는 수의사'이자 '소통하는 수의사신문 데일리벳' 대표로 활동 중이다. 저서로 《고양이님, 저랑 살 만하신가요?》, 《수의사가 말하는 수의사 Episode 2》, 《반려동물을 생각한다》, 《반려동물과 이별한 사람을 위한 책》이 있다.

PART 5

A day of Aki

종로구

두 아이와 어린 강아지가
함께 커가는 곳
아키네 홈파티

사랑스러움과 사랑스러움이 만났다. 사랑하지 않을 수 없는 두 존재의 만남은 온기와 행복을 더한다. 어린 시절 경험은 기억하지 못해도 자양분으로 쌓여 오래도록 남는다. 작은 생명을 돌보며 교감을 배우고, 다정한 추억을 공유하는 사이 어느새 상냥한 마음씨를 가진 아이로 훌쩍 자라 있을 것이다. 앞으로 수많은 이벤트가 기다리고 있을 시끌벅적 아키네 문을 두드려본다.

Companion Dog

아키
2021년생, 3kg
밥그릇도 씹어 먹는 개린이

Guardian

아빠, 엄마, 아인 & 이안
두 아들과 개린이를 키우는
슈퍼맘
활기 넘치는 4인 가족

Family Interview.

Q. 아들 둘에 강아지까지, 힘들지 않으세요?

A. 워낙 에너자이저인 아들 둘을 키우다 보니 강아지 한 마리 더 늘었다고 딱히 더 힘들다는 생각은 안 들었어요. 개를 좋아하는 데다 예전에도 키워봐서 더 그렇기도 하고요. 오히려 육아 스트레스가 줄었어요. 아이들을 학교와 유치원에 보내고 나서 아키를 무릎에 올려놓고 커피를 마시는 시간이 나만의 힐링 타임이랍니다.

Q. 아이들이 어떻게 도와주나요?

A. 첫째 아인이가 주도적으로 강아지 교육을 맡고 있어요. 배변 훈련부터 '이리 와', '기다려' 같은 것도 가르쳤고요. 책과 인터넷을 찾아보면서 공부하고 저에게도 알려준답니다. 칭찬 트레이닝도 얘기하는데, 같이 육아를 하는 기분이랄까요. 아키 배변 처리도 해주고 이도 닦아주고 잘 때 책도 읽어줘요. 앞으로 맡은 책임을 점차 늘려갈 계획이에요.

Q. 정말 기특하네요. 아키를 데려오기 전에 아이들에게 어떤 특별한 교육을 했나요?

A. 첫째가 오래전부터 강아지 가족을 원했어요. 그래서 새 가족을 맞이하려면 책임감이 필요하다는 것을 충분히 이야기해주었죠. 엄마 혼자서는 할 수 없으니 조금 더 커서 산책이랑 목욕을 혼자서도 시킬 수 있고, 응가도 치울 수 있을 때 데려오자고 약속했죠. 또 강아지를 키우면 포기해야 할 것들과 불편한 상황까지 자세히 알려줬어요. 몇 년에 걸쳐서 강아지에 대해 계속 이야기를 나누다 보니 아이들도 상황을 이해하더라고요. 아인이가 어린 시절 자연과 가까이 지낸 것도 도움이 된 것 같아요. 마당 있는 집에서 식물도 키우고, 뒷산도 자주 가고, 길고양이 밥도 챙겨줬거든요.

Q. 아키를 보고 아이들이 너무 좋아했겠어요.

A. 아키를 데려온 날을 지금도 잊을 수가 없어요. 마침 추석 연휴라서 아이들을 우선 친정에 며칠 보냈어요. 아키도 적응이 필요할 텐데 아무래도 두 에너자이저들을 감당하기 쉽지 않을 거 같았거든요. 덕분에 며칠 절간처럼 조용히 보낼 수 있었답니다. 잔잔한 음악도 틀어주고 가급적 만지지 않고 자주 들여다보며 이름을 많이 불러줬어요. 다행히 아키가 잘 적응했어요. 아이들에게는 서프라이즈였죠. 집에 돌아와 아키를 보고 아인이가 눈물을 펑펑 쏟으면서 좋아했어요. "하나님, 감사합니다"를 연발하고 절을 하면서요. 우리 가족에게 가장 기억에 남는 날 중 하나예요.

아키는 제 보물이에요.
몇 년 동안 기다려서 만난 하나뿐인 보물!
너무 귀엽고 힘들 때 보면 힘이 나요.
아키가 아직 어려서 산책을 많이 못 나가는데,
얼른 커서 같이 산에 가고 싶어요.
독립공원도 가고, 물고기도 잡고 싶어요.

by 아인

DAILY ROUTE
한눈에 보는 코스

미소가 머물 수밖에 없는
아키 하우스

> 차량 5분

따뜻한 커피로
몸과 마음을 녹여주는
스태픽스

> 차량 10분

아키랑 함께 걸을래
서대문독립공원

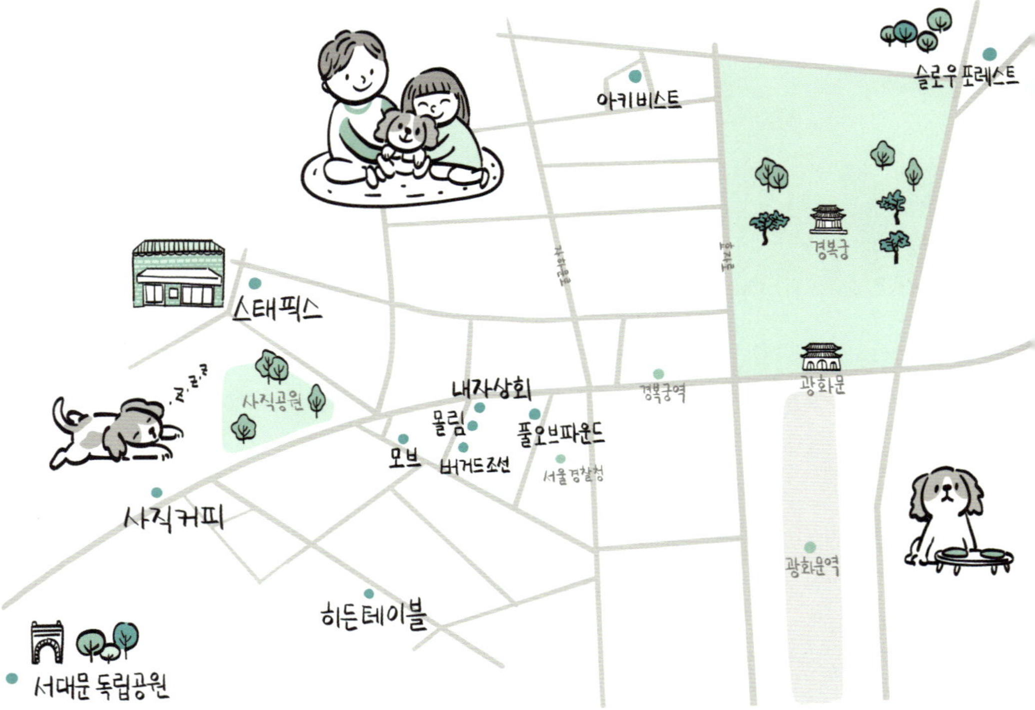

> PLUS
> 추천 장소

종로구

COFFEE
내자상회
- 서울시 종로구 사직로10길 3 1층
- 매일 10:00~22:00
- 소형견에 한해 동반 가능
- 적선동 공영주차장

COFFEE
사직커피
- 서울시 종로구 사직로 49-4
- 매일 11:30~22:00
- 견종, 크기 제한 없이 동반 가능 / 반려동물 물그릇 제공
- 사직 공영주차장

COFFEE
슬로우포레스트
- 서울시 종로구 삼청로5길 20
- 매일 12:00~19:00 (대관 일정이 있을 경우 인스타그램 공지)
- 견종, 크기 제한 없이 동반 가능 / 반려동물 메뉴 있음
- 국립현대미술관 혹은 경복궁 주차장

COFFEE
아키비스트
- 서울시 종로구 효자로13길 52
- 매일 11:00~21:00
- 견종, 크기 제한 없이 동반 가능
- 신교 공영주차장

COFFEE
폴오브파운드
- 서울시 종로구 사직로12길 1-2
- 월~토요일 11:00~22:00, 일요일 12:00~20:00
- 중·소형견에 한해 동반 가능
- 적선동 공영주차장

COFFEE
히든테이블
- 서울시 종로구 경희궁길 37
- 월~금요일 09:00~22:00, 토·일요일 11:00~21:00
- 견종, 크기 제한 없이 동반 가능
- 서울시교원단체총연합회 주차장

BRUNCH
모브
- 서울시 종로구 사직로8길 7
- 수~토요일 10:00~21:00, 일요일 10:00~18:00 / 휴무 월·화요일
- 소형견에 한해 동반 가능
- 사직 공영주차장

MEAL
버거드조선
- 서울시 종로구 사직로10길 7
- 매일 11:30~22:00 (Break Time 15:00~17:00)
- 견종, 크기 제한 없이 동반 가능
- 서울경찰청 방향 유료주차장

PUB
몰림
- 서울시 종로구 사직로10길 5
- 월~금요일 17:00~00:00, 토요일 15:00~00:00, 일요일 15:00~22:00
- 견종, 크기 제한 없이 동반 가능 / 반려동물 물그릇 제공
- 가능

Home 1

아키 하우스
Aki House

📍 서울시 서대문구 독립문로

파리의 개선문을 떠올리게 하는 독립문에서 멀지 않은 곳에 아키네 집이 있다. 오늘은 첫째 형 아인이의 생일 파티. 초인종을 누름과 동시에 우다다다 활기가 문밖까지 느껴진다. 수줍게 인사하는 아인이와 마냥 살가운 이안이, 폭풍 뽀뽀로 맞아주는 아키까지, '행복이 가득한 집'의 정석을 만났다. 햇살이 가득 들어오는 거실은 매서운 겨울이 빗겨간 듯 따사롭다.

특이하게도 이 거실에는 소파가 없다. 아키가 오면서 치운 것이다. 처음에는 아키 전용 계단을 놓으려고 했으나, 아이들과 공간을 넓게 쓸 수 있도록 아예 없앴다.

아이들은 카펫에 앉아 그림을 그리고, 장난감을 가지고 논다. 그 옆에서 아키는 고사리 같은 손들을 쫓느라 바쁘다. 이안이가 그림책을 펴고 자기 마음대로 스토리를 붙여 아키에게 읽어준다. 아인이가 바이올린을 켜자 아키는 난로 앞에 자리를 잡고 꾸벅꾸벅 박자를 맞춘다. 이제 잠잘 시간이다. 아키는 아이들과 함께 잠자리에 든다. 처음에는 안 된다고 했던 엄마이지만, 어린 시절 자신도 얼마나 강아지와 같이 자고 싶었는지 알기에 허락했다. 대신 아이들이 꿈나라로 가면 아키는 아키 침대로 옮겨준다. 모두 굿나잇!

Space 2

스태픽스
Staffpicks

> 📍 서울시 종로구 사직로9길 22
> 🕐 매일 10:00~21:00 / 휴무 부정기(인스타그램 공지)
> / 전화 010-4274-2055
> 🐾 평일에 한해 견종, 크기 제한 없이 동반 가능 / 반려동물 물그릇 제공
> 🅿 가능
> @ instagram.com/staffpicks_official

디자인 부티크 '디맨션'에서 운영하는 카페 겸 편집숍. 빨간 벽돌 건물 앞으로 커다란 은행나무가 우뚝 선 잔디밭이 있다. 담 너머로 오밀조밀한 종로 일대가 펼쳐진다. 가을이면 노란 은행잎 카펫이 장관을 이룬다. 겨울의 문턱에도 운치는 전혀 줄어들지 않는다. 아이들과 아키는 추위를 잊고 낙엽을 만끽한다. 잔디밭에서도 반려견 리드줄은 꼭 잡고 있어야 한다. 테라스 카페로 유명하지만 실내는 더 예쁘다. 북유럽 스타일의 그릇과 키친웨어, 빈티지 소품 등 스태프들이 큐레이션한 아이템들로 꾸며져 있다. 오리엔탈 아란치니, 토마토 모차렐라 파니니 등 브런치와 꾸덕한 식감의 파운드케이크가 유명하다.

Space 3

서대문독립공원

Seodaemun
Independence Park

📍 서울시 서대문구 통일로 247

"조금만 더 놀고 가면 안 돼?" 집으로 돌아가는 길에 이안이가 묻는다. 아이들의 에너지는 도무지 끝이 없다. 하루 종일 놀아도 부족한가 보다. 어스름이 찾아왔지만 잠시 서대문독립공원에 들른다. 조선 말기에 지어진 최초의 서양식 건축물로, 서재필이 주도한 독립협회가 자주독립의 의지를 다지며 세운 기념물이다. 그 외에도 서대문형무소역사관, 3·1독립선언기념탑, 서재필 동상 등 역사적인 명소들이 모여 있다. 형무소 내부는 반려견 입장이 제한되지만, 주위를 돌아보는 것만으로도 충분히 역사적 의의를 느낄 수 있다. 무엇보다 아이들이 도심 속 자연에 다가갈 수 있어 좋다. 아키와 걸으며 그동안 보지 못했던 연못과 오솔길들을 찾아내고 조잘조잘 상상의 나래를 펼친다. 온 가족이 걷기 좋은 안산자락길과도 연결된다.

Behind the scene

자도 자도 졸린 나이예요
아 뜨뜻해

우와 우리 아키
먹는 모습도 예뻐

PART 5

A day of Leo

강남구

트라우마를 치유해준 고마운 레오와
슬기로운 홈트생활

사랑은 사람을 변하게 한다. 우리는 그것을 인연이라 하고 운명이라 부른다. '꼬똥 드 툴레아', 조금 낯선 이 이름은 '툴레아의 솜'이라는 뜻이다. 보드라운 솜뭉치를 품에 안자 뭉클한 위로가 스며든다. 반려견을 맞이한다는 건 단순히 강아지 한 마리를 키우는 것이 아니다. 한 영혼과의 교감이다. 서로를 만나지 않았다면 결코 몰랐을 세상, 레오는 그 이름처럼 사자(Leo) 자리인 선혜 님의 우주를 밝힌다.

Companion Dog

레오
2016년생, 5kg
사람보다 더 속 깊고 점잖은 선비

Guardian

김선혜
레오의 주 보호자
막둥이 덕에 더욱 화목해진 5인 가족

Family Interview.

Q. 처음엔 반려견 입양을 극구 반대했다고 들었어요.
A. 어릴 때 친척집에 갔다가 큰 개에게 깔린 경험이 있어요. 그때 트라우마가 심해서 개 짖는 소리만 들어도 온몸이 굳고, 한 공간에 있는 상상만 해도 소름이 돋을 정도였죠. 담벼락 너머에서 개 짖는 소리가 무서워 길을 돌아서 간 적도 많고요.

Q. 그런데 어떻게 레오를 키우게 됐나요?
A. 막내딸 때문이에요. 첫째와 둘째가 모두 유학을 가고 나서 많이 외로워했거든요. 중학교 2학년이었던 딸아이 혼자 애견 카페에 가서 대여섯 시간씩 앉아 있다 오곤 했어요. 그러다 딸아이가 집에 돌아와서 계속 우는 모습을 보고 강아지를 데려와야겠다 싶었죠. 레오를 데리러 갔을 때도 저는 무서워서 들어가지도 못하고 밖에 있었어요. 레오가 오기 전에 딸하고 몇 가지 약속을 했어요. 절대 엄마 근처에는 못 오게 할 것, 침대에 올라오지 못하게 할 것 등이었죠. 하지만 그게 어디 마음처럼 되나요.

Q. 막상 키워보니 어떤가요? 친해지게 된 계기가 있었나요?
A. 레오가 온 지 이틀째 되는 날 새벽에 많이 낑낑거리기에 나가봤어요. 딸 아이는 방에서 잠이 들었고, 레오는 케이지에서 울고 있었죠. 어미 품을 떠나 낯선 집에 왔으니 얼마나 무서울까, 갑자기 안쓰러워지더라고요. 케이지를 치우고 안방 침대 밑에 방석을 깔고 재웠어요. 새벽이면 놀아달라고 깡충거리는데 어찌나 무섭던지 화장실 가고 싶은 것도 꾹 참고, 눈도 마주치지 않으려고 자는 척했답니다. 근데 레오가 오고 한 달쯤 지났을 때 저한테 힘든 일들이 연달아 생겼어요. 스트레스로 지쳐 있는데 레오가 다가오더니 제 팔등을 계속 핥는 거예요. 아무도 알아주지 않던 힘든 심정을 레오만이 알아주는 것 같았어요. 세상 어디에서도 경험하지 못한 순수한 위로였고, 치유를 받는 기분이었어요. 그전에는 겨우 만질 수 있는 정도였는데, 그간의 공포심이 모두 사라지면서 레오에게 푹 빠졌죠.

Q. 레오 덕분에 놀라운 경험을 하셨군요. 그 후로 많은 변화가 있었겠네요.
A. 반려견이야말로 우주에서 가장 신비한 생명체라고 생각해요. 아들딸들이 크고 나니 우울증이 오더라고요. 아이들에게 많이 매달렸는데 레오 덕분에 마음을 비우게 됐어요. 더구나 레오를 알고 나니 다른 동물들도 보이기 시작했어요. 예전에는 길냥이도 피해다녔거든요. 이제는 제 차 트렁크에 냥이들 사료를 싣고 다니면서 챙겨줘요.

제 일상은 레오 위주로 돌아가요.
2주 전부터 일기예보를 미리 확인하고
날씨 좋은 날은 먼저 레오를 위한 스케줄을 잡아요.
함께 서울숲도 가고 강아지 운동장도 가고요.
레오와 함께 다니면서 강아지 친구들을
만나고 오는 게 이제는 힐링이랍니다.

DAILY ROUTE

한눈에 보는 코스

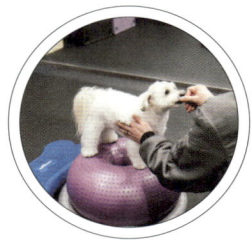

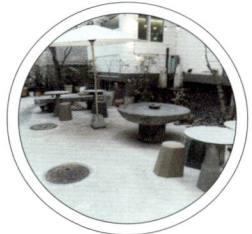

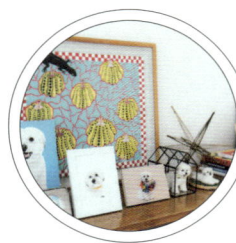

50분, 운동에 집중하는 시간

독핏 웰니스센터

» 차량 15분

남몰래 숨겨둔 비밀 장소

파운드로컬

» 차량 10분

레오를 위한, 레오의 공간

레오 하우스

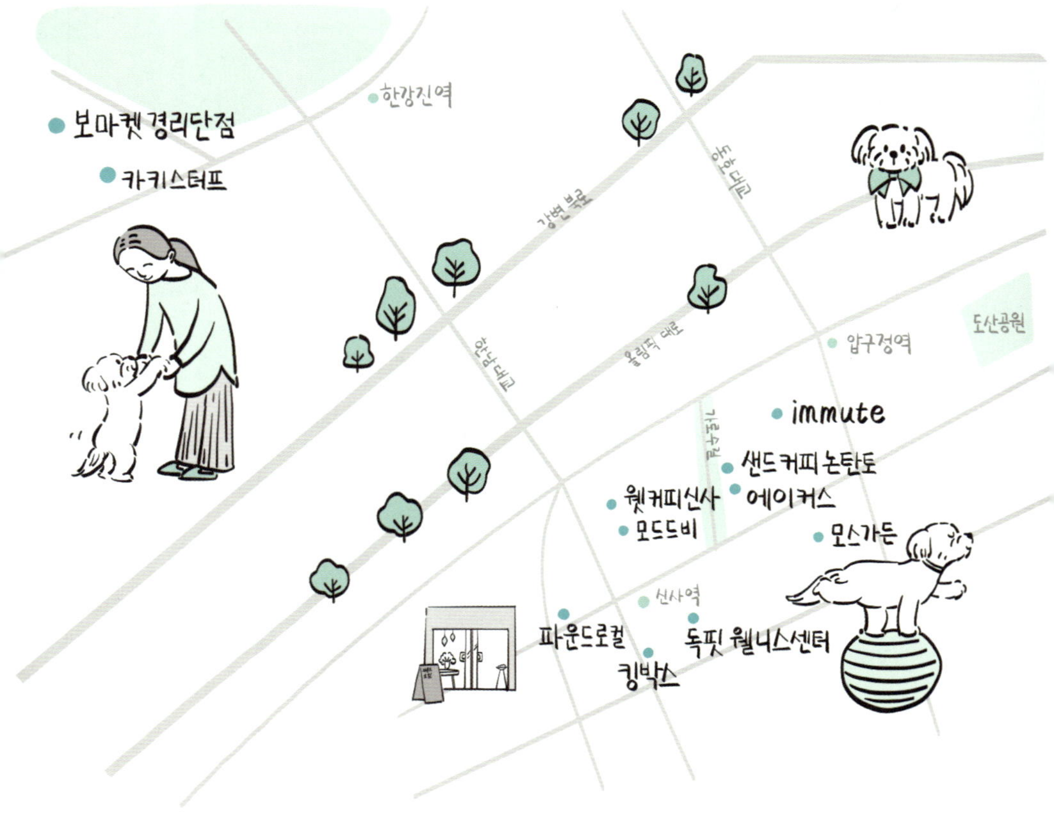

보마켓 경리단점
카키스터프
한강진역
강변북로
동호대교
한남대교
올림픽대로
압구정역
도산공원
가로수길
immute
샌드커피 논탄토
웰커피신사
에이커스
모도도비
모스가든
신사역
파운드로컬
독핏 웰니스센터
킹박스

PLUS
추천 장소

강남구

COFFEE
모드드비
- 서울시 강남구 압구정로2길 46 1층
- 월~토요일 12:00~22:00 / 휴무 일요일
- 소형견에 한해 동반 가능
- 신구초교 공영주차장

COFFEE
샌드커피 논탄토
- 서울시 강남구 도산대로17길 35
- 매일 11:00~22:00
- 견종, 크기 제한 없이 동반 가능
- 발렛 가능

COFFEE
웻커피 신사
- 서울시 강남구 강남대로162길 18 1층
- 매일 12:00~21:00
- 소형견에 한해 동반 가능
- 발렛 가능

COFFEE
immute
- 서울시 강남구 논현로157길 36 1층
- 목~화요일 12:00~23:00 / 휴무 수요일
- 견종, 크기 제한 없이 동반 가능
- 신구초교 공영주차장

BRUNCH
보마켓 경리단점
- 서울시 용산구 녹사평대로 286
- 매일 10:00~20:00
- 견종, 크기 제한 없이 동반 가능
- 가게 앞 2대 가능

SALAD CAFE
에이커스
- 서울시 강남구 도산대로17길 30
- 월~토요일 11:00~22:00 일요일·공휴일 12:00~22:00
- 견종, 크기 제한 없이 동반 가능
- 발렛 가능

MEAL
모스가든
- 서울시 강남구 논현로139길 12
- 월~토요일 10:30~21:30 (Break Time 14:30~17:30) / 휴무 일요일
- 중·소형견에 한해 외부공간 동반 가능
- 발렛 가능

MEAL
카키스터프
- 서울시 용산구 회나무로13가길 46-8
- 화~일요일 11:30~22:00 / 휴무 월요일
- 견종, 크기 제한 없이 동반 가능
- 가능

MEAL
킹박스
- 서울시 강남구 강남대로140길 9
- 월~토요일 11:00~22:00 (Break Time 15:30~17:00) / 휴무 일요일
- 견종, 크기 제한 없이 동반 가능
- 신사역 근처 공영주차장

Space 1

독핏 웰니스센터
Dog Fit Wellness Center

📍 서울시 강남구 강남대로140길 26 N234 지하 2층
🕐 월~금요일 08:00~20:00, 토~일요일 10:00~19:00
Ⓟ 가능
🌐 www.dogfit.co.kr

반려견의 신체와 정신적 건강을 위한 곳이다. 피트니스와 스포츠 유치원, 아쿠아테라피를 위한 온수풀을 갖추고 사람과 반려견 모두 행복하게 즐기는 다양한 프로그램을 진행하고 있다. 레오는 독핏을 3년째 꾸준히 다니고 있는 학생이다. 일대일(1:1) 피트니스 클래스와 더불어 프레이즈 터치와 노즈워크 등 여러 그룹 레슨에도 참가한다. 담당 코치가 들어오면 레오는 잠시 흥분하는 듯하다가 이내 집중력을 되찾는다. 밸런스 디스크와 핏본 등 도구들을 이용해 옆으로 걷기, 뒤로 걷기 등 평소 쓰지 않는 근육들을 자극해준다.

보호자와 함께하는 고난이도 운동도 곧잘 따라 한다. 자기 키보다 더 큰 기구 위에 올라가 균형도 잘 잡는다. 겁이 많아 처음에는 도구 위에 발도 못 올렸다는 것이 믿기 힘들 정도다. 이런 수업은 자신감을 심어주고 스트레스 해소에도 도움이 된다. 클래스 수강 신청은 홈페이지에서 가능하다. 레오가 눈 염증과 목 디스크로 힘들어할 때 병원과 더불어 이곳을 주기적으로 찾아 회복하는 데 도움을 받았다.

Space
2

파운드 로컬
Found Local

- 서울시 서초구 나루터로 65
- 월~토요일 10:00~00:00 / 휴무 일요일
- 견종, 크기 제한 없이 동반 가능
- 라성주차장 발렛파킹 가능

맛있는 음식의 기본은 신선한 재료이다. 허브를 먹고 자란 닭이 낳은 달걀을 비롯해 정성 들여 키운 로컬 식자재로 요리하는 곳이다. 제철 재료를 사용한 퓨전 아시안 쿠진과 수제 디저트를 선보인다. 대표 메뉴 중 하나인 블랙치킨 바오번은 오징어 먹물을 넣은 반죽으로 튀긴 닭다리살에 매콤한 마요소스와 허브를 곁들여 풍성한 맛의 조화가 일품이다. 낮에는 브런치 카페, 저녁에는 와인을 즐기는 비스트로로 운영된다. 오픈 키친 형태의 바 좌석으로 되어 있어 혼자, 또는 간단히 음료만 즐기기에도 손색없다. 자세히 보지 않으면 지나칠 정도로 작은 간판을 따라 들어서면 비밀스러운 공간으로 연결되는데 나만 알고 싶은 장소로 삼기에 충분하다. 햇볕 좋은 날에는 야외 테라스를 즐겨보자.

Home 3

레오 하우스
Leo House

📍 서울시 강남구

봄볕을 닮은 집이다. 늦은 오후 커다란 통유리창으로 쏟아지는 햇살이 노곤할 만큼 따사롭다. 테이블 주위에 늘어져 수다를 떨다 어느새 스르륵 낮잠에 빠지고 마는 그런 곳이다. 3년 전 이사를 오면서 레오와 함께 편하게 휴식을 취할 수 있는 공간에 초점을 맞춰 꾸몄다. 곳곳에 레오의 쿠션들이 놓여 있지만, 레오는 대부분 소파 위에서 시간을 보낸다. 으레 텔레비전이 있을 법한 벽에는 장식장이 놓여 있는데, 레오와 관련된 전시장이다. 주문 제작한 피규어와 선물받은 그림, 반려견과 함께하는 클래스에서 직접 만든 굿즈를 진열해두었다.

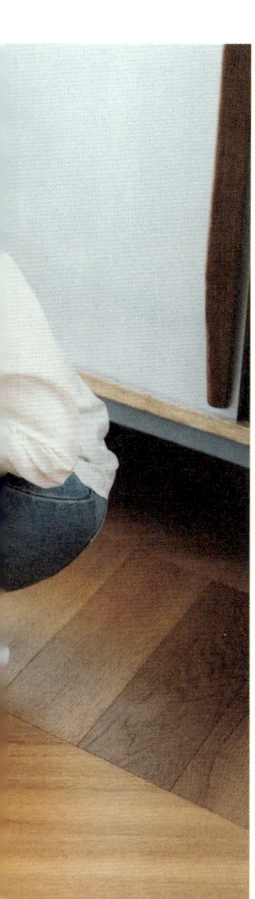

장애물 달리기의 허들처럼 생긴 카발레티가 놓여 있다. 일주일에 한 번 독핏에서 받는 수업만으로는 부족해 홈트레이닝으로 근력운동을 한다. 레오는 목 디스크에 슬개골까지 좋지 않아 지속적인 관리가 필요하다. 카발레티를 위아래로 지나가는 트레이닝을 10회씩 반복하면 관절을 유연하게 하는 데 도움이 된다. 제법 난이도가 있는데도 척척 따라오는 레오가 기특하다. 아팠던 겨울을 지나 레오 하우스에도 봄이 반짝인다.

Behind the scene

One and only
단 하나뿐인 그림

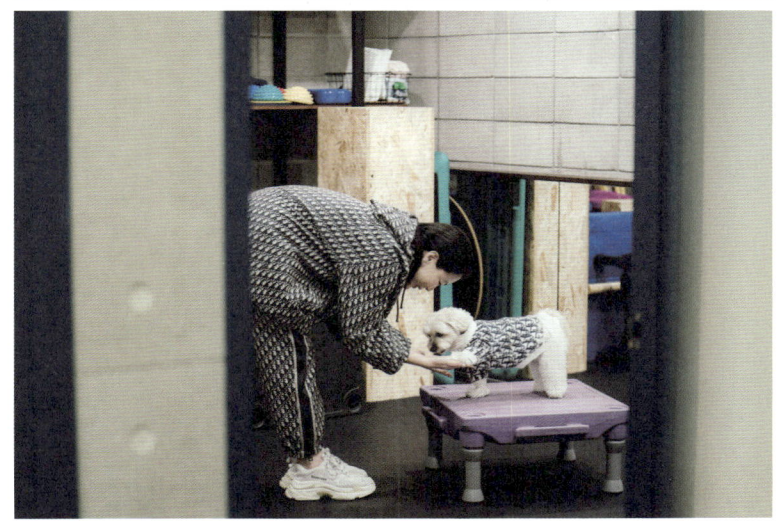

We can do!
오늘도 함께 해냈다

송파구

영원한 내 동생 땅콩이
만수무강 버킷리스트

종종 우리 집 강아지가 말을 할 수 있다면 하고 상상해본다. '아프다'는 말도 좋으니 딱 한마디라도 해주면 좋겠다. 얼른 병원에 데려가 늦지 않게 치료해줄 수 있을 테니까. 아무리 살뜰히 보살피고 최선을 다해도 한편에서 밀려드는 자책은 어찌할 수 없다. 반대로 반려견의 입장에서 가장 하고 싶은 말은 무엇일까? 하얗게 변해가는 땅콩이의 눈을 가만히 들여다본다. 땅콩이가 조용히 눈으로 얘기한다. "충분히 잘했어, 누나. 함께 해줘서 고마워."

Family Interview.

Companion Dog

땅콩
2008년생 추정, 4.9kg
밖에선 세상 순둥이, 집에선 떼쟁이 막냇동생

Guardian

전은주
기업 전략기획팀 근무
땅콩이를 위해 집에서나 회사에서나 프로여야만 하는 지칠 틈 없는 직장인

Q. 안녕하세요, 땅콩 어르신(웃음). 땅콩이 나이가 어떻게 되나요?
A. 유기견을 입양한 것이라 정확하지는 않아요. 데려올 때 6세라고 추정했고, 함께한 지는 8년 됐으니 14세 정도로 보고 있어요. 그런데 병원에서는 나이가 더 많을 거라고 하네요. 노안이 와서 이제 잘 보지 못할 뿐 아니라 잘 듣지도, 냄새를 맡지도 못해요.

Q. 몸이 아파서 병원에 다니고 있다면서요.
A. 작년에 비만세포종이라는 피부암 진단 후 제거 수술을 받았어요. 다행히 재발 가능성이 낮아 항암 치료는 하지 않고 있죠. 다른 장기에 또 종양이 생겨서 주기적으로 체크하고 있는 중이에요. 간수치도 높고, 담석도 있어서 꾸준히 약을 먹고 있고요. 허리 디스크와 다리 관절염이 심해 침 치료도 병행하고 있답니다.

Q. 회사 다니랴 땅콩이 돌보랴 많이 힘들겠어요.
A. 다행히 일주일에 이틀 재택근무를 하는 덕분에 함께 있는 시간이 늘어났어요. 믿을 만한 병원의 실력 있는 선생님을 만나기가 힘들었어요. 땅콩이는 병원 한 곳을 다니면서 피검사를 포함해 정기검진을 꼬박꼬박 받아왔는데 피부암을 발견하지 못했거든요. 손끝에 이상한 게 잡혀 몇 번이나 물어봤는데 선생님은 괜찮다고만 하는 거예요. 그 말만 믿고 시간을 보낸 것이 너무 후회돼요. 치료 기간이 길어지니 약이나 시술에 대해 직접 공부할 수밖에 없었어요. 호주를 비롯해 다른 국가에서는 위험성이 높아 쓰이지 않는 성분이 우리나라에서 쉽게 살 수 있는 영양제에 버젓이 들어가 있는 경우도 봤고요. 제대로 알지 못하면 땅콩이가 약을 잘못 복용할 수도 있고, 불필요한 치료를 받을 수도 있다는 생각에 항상 긴장의 끈을 놓지 못해요. 구글이나 유튜브로 해외 자료와 논문을 공부하고 주치의 선생님께 매번 질문하곤 해요. 건대병원 조재영 주치의 선생님께 늘 죄송하고 감사해요.

Q. 힘든 상황에서도 버팀목이 된 것이 있다면요?
A. 가족이나 친구에게 힘든 이야기를 털어놓지 못하는 성격이라 오히려 클럽하우스 같은 소셜미디어 채널에서 힘을 얻곤 해요. 주제에 맞춰 반려가족들이 모이고 서로 공감하며 대화를 나눌 수 있다는 점이 좋아요. 생각조차 하기 싫었던 펫로스에 대해서도 허심탄회하게 얘기할 수 있었어요. 어떤 분이 저를 위해 시를 읊어주었는데 모든 회원들이 펑펑 울었답니다. 정우람 수의사님은 일면식도 없는 저를 위해 노령견 관련 책들을 보내주셨고요.

흔히 반려동물은 가족이라고 하잖아요.
저는 땅콩이를 그냥 저라고 생각해요.
땅콩이가 있기에 세상을 바라보는 시선과
삶을 살아가는 방향을 정의할 수 있거든요.
땅콩이가 힘든 치료를 하는 동안 몸무게가 계속 빠졌을 때는
정말이지 제가 그 아픔을 다 짊어지고 싶었어요.
제 수명을 나눠줘도 좋으니 더 오래 같이 살면 좋겠다고,
진심으로 그렇게 생각해요.

DAILY ROUTE
한눈에 보는 코스

봄기운을 머금은 초록 산책
글샘공원

도보 10분 »

댕댕이를 위한 건강 한 끼
포지티브 보울

PLUS
추천 장소

송파구

COFFEE

라딧프로젝트
- 서울시 송파구 송파대로 450
- 월-금요일 13:00~22:00, 토요일 12:00~22:00, 일요일 12:00~21:00
- 30kg 이하 반려견에 한해 동반 가능 / 반려동물 메뉴 있음
- 녹십초 주차장 혹은 송파여성문화회관 공영주차장

COFFEE

란스
- 서울시 송파구 백제고분로43길 8
- 화-일요일 12:00~22:00 / 휴무 월요일
- 소형견에 한해 동반 가능
- 석촌역 노상공영주차장 또는 송파여성문화회관 주차장

COFFEE

오린지
- 서울시 송파구 송파대로48길 19 1층
- 매일 12:00~22:00
- 소형견에 한해 동반 가능
- 석촌역 노상공영주차장

COFFEE

오아시스엉클
- 서울시 송파구 송이로38길 8 1층
- 월-금요일 10:00~19:00, 토·일요일 12:00~19:00
- 중·소형견에 한해 동반 가능
- 매장 앞 4대 가능

COFFEE

카페싱송
- 서울시 송파구 송파대로42길 6-1
- 목-화요일 12:00~19:00 / 휴무 수요일
- 소형견에 한해 동반 가능
- 가능

COFFEE

gluck
- 서울시 송파구 송파동 42 3층
- 화-일요일 12:00~22:00 / 휴무 월요일
- 견종, 크기 제한 없이 동반 가능
- 석촌역 노상공영주차장

COFFEE

Pres Coffee
- 서울시 송파구 송파동 42-6 4층
- 화-일요일 12:00~21:00 / 휴무 월요일
- 견종, 크기 제한 없이 동반 가능
- 석촌역 노상공영주차장

BRUNCH

뉴질랜드스토리
- 서울시 송파구 석촌호수로 268 경남레이크파크
- 월·수·목요일 10:30~18:00, 금·일요일 10:30~21:00 / 휴무 화요일
- 소형견에 한해 동반 가능
- 가능

BRUNCH

모멘토 키친
- 서울시 송파구 송파대로43길 9 1층
- 월·수-금요일 08:00~17:00, 토·일요일 10:00~18:00 (브런치 가능 시간 10:00~15:00) / 휴무 화요일
- 견종, 크기 제한 없이 동반 가능
- 석촌역 2구역공영주차장

BRUNCH

카페위스크
- 서울시 송파구 동남로4길 14
- 매일 10:00~22:00
- 견종, 크기 제한 없이 외부공간 동반 가능
- 근처 도롯가 공영주차장 이용

BRUNCH

코그노센티
- 서울시 송파구 백제고분로45길 5-18
- 수-일요일 12:00~21:00 / 휴무 월·화요일
- 소형견에 한해 동반 가능
- 석촌역 노상공영주차장 또는 송파여성문화회관 주차장 이용

PUB

술노리아 *전화 예약 필수
- 서울시 송파구 문정로1길 31
- 매일 18:30~03:30
- 소형견에 한해 동반 가능
- 가능

Space 1

글샘공원
Geulsaem Park

📍 서울시 송파구 문정동 625
🐾 가능

직장 생활을 하면서 이사를 많이 다녔다. 예전에는 무조건 회사에서 가까운 곳이 기준이었는데, 이제는 얼마나 땅콩이와 살기 좋은지를 본다. 이 동네를 선택한 이유 역시 집과 맞닿은 산책 공간이 있고, 주변에 동물병원이 많기 때문이다. 글샘공원은 가든파이브라이프 쇼핑센터와 아파트 사이에 있는 작지만 알찬 공원이다. 서울의 마스코트 해치가 있는 생태연못에서 소나무 숲, 징검다리 분수까지 초록의 산책로가 이어진다.

아직은 차갑지만 봄기운이 스며든 바람에 마음까지 몽글몽글해진다. 잠시 일상에 쉼표를 찍고 소소한 행복을 찾는 것, 땅콩이에게 배운 삶의 방식이다. 바쁘게 흘러가는 일상에서 자신의 감정조차 챙기지 못해 텅 비어갈 때 땅콩이와의 교감은 살아갈 힘을 주었다. 햇볕에 땅콩이의 눈이 가늘어진다. 연신 코를 씰룩이며 이른 봄기운을 몸속 깊이 채운다. 예전처럼 신나게 달릴 수는 없지만, 그래서 한 걸음 한 걸음이 더 소중하다. 시간을 붙잡고 싶은 어느 오후다.

Space 2

포지티브 보울
Pawsitive Bowl

- 서울시 송파구 법원로4길 17 105호
- 화~금요일 11:00~20:00, 토~일요일 11:00~19:00 / 휴무 월요일
- 견종, 크기 제한 없이 자유롭게 동반 가능(리드줄 없이 이용할 때는 매너벨트나 기저귀 착용 권장) / 반려동물 물그릇, 전용 계단 제공
- 가능
- instagram.com/pawsitivebowl

이런 곳이 생겼으면 하고 늘 바랐다. 우리 댕댕이들을 위한 전용 레스토랑! 방부제와 첨가제를 넣지 않고 신선한 재료만을 사용해 사람이 먹어도 될 만큼 좋은 '진짜 요리'를 선보인다. 수제 간식과 반려견을 위한 치즈 케이크, 마들렌과 같은 디저트도 있는데 앙증맞은 디테일에 깜짝 놀란다. 아픈 노령견을 위해 원서로 영양학을 공부하며 자연식을 만든 것이 포지티브 보울의 시작이다. 알레르기와 기호성을 고려한 맞춤 간식도 가능하니 문의해보자. 반려견을 사랑하는 마음이 넘치는 오너가 친절하게 상담해준다.

땅콩이의 픽은 퍼푸치노와 와플. 나이를 먹을수록 입도 짧아져 잘 먹는 게 있으면 그리 반가울 수가 없다. 누나의 마음을 아는지 씩씩하게 곧잘 먹는다. 앞으로 함께 하고 싶은 리스트를 떠올려본다. 먼저 내가 좋아하는 사근진 해변을 보여줘야지. 바다를 보면 땅콩이는 어떤 표정을 지을까? 강릉 여행을 소화할 수 있다면 좀 더 멀리 언니가 있는 제주도도 가보고 싶다. 비행기는 힘들 테니 차로 가야겠지. 땅콩이를 위해 차도 마련했으니까! 상상만으로도 세상은 희망빛이다.

Behind the scene

땅콩이에게 친구 만들어주기
땅콩이 보호자 버킷리스트 中

찬 공기 사이 포근함
땅콩아, 널 닮은 계절이 오고 있어

PART 6

네가 있어 언제나
일상을 여행처럼

Column of Part 6

빵이야, 우리 오늘 같이 나갈까?

반려견을 집에 홀로 두지 않고 어디나 함께하고 싶은 소망은 여행을 떠날 때 가장 큰 행복으로 다가옵니다. 산책 가방만 스쳐도, 리드줄 가까이 다가가기만 해도 어디선가 나타나 눈을 반짝이며 꼬리를 살랑거리는 녀석들을 보면 내 여행가방보다 몇 배 큰 강아지 짐을 꾸리면서도 콧노래가 절로 나오죠. 오매불망 문 열리는 순간만 기다리는 녀석들과 달리 떠나기 전 보호자들이 챙길 것은 너무 많습니다. 목적지를 찾는 일부터 만만치 않습니다. 반려견 출입이나 보행은 가능한 곳인지, 주변에 함께 들어갈 수 있는 식당이 있는지, 몸무게나 체고 제한을 두는지, 실내에 들어가려면 가방을 따로 준비해야 하는지도 알아봐야 합니다.

지난해 펫시민 채널을 이용하는 반려가족을 대상으로 설문조사를 한 적이 있습니다. 359명이 참여했는데, 집 근처에 단골을 정해놓고 이용한다고 응답한 비율(38%)보다 거리가 멀더라도 마음에 드는 곳을 방문한다고 응답한 비율(60% 이상)이 월등히 높았습니다. 많은 보호자들이 반려견과 함께 여행할 때는 방문지의 매력보다 펫프렌들리 정도를 더 고려하고 장거리 이동에 따른 불편은 기꺼이 감수하는 것으로 보입니다. 교통편은 '자가용'을 이용하는 사람이 75.5%, 그 밖에 대중교통 23%, 펫택시 이용자는 0.6% 정도인 것으로 집계됐습니다.

**나이 많은 강아지들과는
여행을 한 번도 가본 적이 없는 경우도 많을 텐데요**

지금은 반려견과 여행을 가는 사람들도 많고 관련 정보를 찾기도 쉽지만 과거에는 정말 드문 일이었습니다. 더 나이 들기 전에 우리 강아지와 추억을 만들고 싶은데 차만 타면 멀미하고 침 흘리며 스트레스를 받아 여행은 언감생심 꿈도 꿀 수 없었다고 속상해하는 분들도 많습니다. 반려견 행동 전문가와 진행했던 반려견 차량 탑승 훈련 중 도움이 될 만한 팁을 알려드릴게요.

✓ 차량 이동의 경우	차를 타고 갈 때 유독 스트레스를 받는 반려견은 과거에 좋지 않은 경험이 있었을 거예요. '차를 탔더니 동물병원에 갔다'거나, '차를 타고 나서 유기되었다'는 것처럼 말이죠. 불안감의 고리를 끊어내려면 보호자가 조심스럽게 좋은 경험으로 바꿔주어야 합니다. 차를 타고(가능한 짧은 거리를 이동한 후) 잔디밭에 도착해서 편안하게 놀게 하는 것입니다. 간단한 훈련으로 단숨에 트라우마를 극복하는 반려견과 이에 감격하는 가족들에게 소중한 추억을 선물해서 뿌듯했던 경험이 있습니다.
✓ 비행기 이동의 경우	비행기를 타고 떠날 계획이라면 몇 개월 전부터 켄넬 안에서 편안히 있는 훈련을 해야 합니다. 시추, 퍼그와 같은 단두종은 비행기 화물칸 탑승이 금지되는 추세입니다. 기내에 동승하려면 항공사에서 제시하는 몸무게 기준을 충족해야 하므로 6개월 전부터 다이어트에 돌입하는 강아지들도 있습니다.

오프리시 가능한 여행지를 갈 때는 미리 콜링 훈련을 해주세요

오프리시 가능한 글램핑장을 이용하거나 트레킹을 하는 반려가족도 많아졌습니다. 이때는 낯선 사람들을 만나 흥분하거나 새를 쫓아 뛰어다니지 않도록 반드시 콜링 훈련을 해야 합니다. 이름을 불렀을 때 보호자에게 돌아오는 콜링이 완벽하게 이루어지지 않는다면 아무리 인적이 드문 곳이라도 리드줄을 풀지 않는 것이 좋습니다. 보호자 과실로 의도하지 않게 유기될 위험이 있으니까요. 이런 곳에서는 긴 목줄이나 자동줄이 유용합니다.

반려견과 함께 외출하는 것이 행복이고 일상인 가족들의 추억 한 페이지를 함께하면서 우리는 그들의 외출 용품이 알고 싶다고 부탁드렸습니다. 말미에 인터뷰 가족들의 산책 용품과 여행가방을 소개하니 한 번 눈여겨보세요. 강아지의 특성, 여행의 목적, 각자의 취향이 고스란히 묻어나는 산책 가방 속에서 나와 반려견이 함께 떠나는 데 필요한 무언가를 발견할지 모르죠. 이 책을 덮을 즈음 우리 강아지와 여행을 떠나는 소망을 이루기를, 세상의 모든 반려가족들이 행복하기를 바랍니다.

PART 6

A day of Ppodori

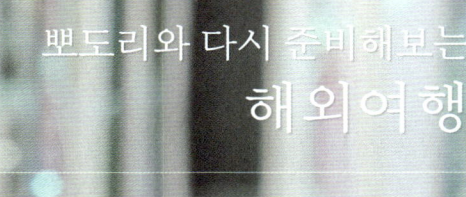

뽀도리와 다시 준비해보는
해외여행

여행은 떠나기 전 즐거움이 반일지도 모른다. 꼭 해야 할 리스트를 만들고, 정보를 모으다 보면 기대감이 쌓이고 마음은 설렘으로 부풀어오른다. 반려견과의 여행이라고 다르지 않다. 목적지가 해외라 할지라도 말이다. 무엇이든 시작이 어려운 법! 좌충우돌 과정이 쌓여 이제는 척하면 척이다. 곧 캐나다로 먼 여행을 떠나는 뽀도리를 따라 그때 그 두근거림을 대신 느껴본다.

Companion Dog

뽀도리
2012년생, 4.5kg
만지는 것을 허하노라. 시크한
매력의 눈치 백단 똑똑이

Guardian

송혜승 & 박용훈
번역 프리랜서 & 유통업
뽀도리와 신혼여행 갈 날을 꿈꾸
는 1년 차 부부

Family Interview.

Q. 반려견과 해외여행이라니, 너무 궁금합니다.

A. 뽀도리가 두 살 때 함께 뉴욕에 갔어요. 처음 비행기를 탔는데, 하필 14시간 최장거리였죠. 뭘 몰라서 탈 수 있었던 거 같아요. 그 후 캐나다와 제주도도 다녀왔어요.

Q. 너무 부러워요. 반려견과 비행기 타는 것이 꽤 막막하게 느껴지는데요.

A. 처음 비행기를 탔을 때만 해도 반려견 탑승 규정이 명확하지 않아 많이 헤맸어요. 다행히 지금은 서류와 절차들이 체계를 갖춘 것 같아요. 항공사마다 케이지에 넣을 수 있는 몸무게가 다른데요, 뽀도리는 아슬아슬하게 걸려서 한 달 전부터 다이어트 사료를 먹고 체중 관리를 했어요.

다행히 케이지에 잘 적응해 기내에서 많이 힘들어하지는 않았어요. 승무원들이 배려해주어서 취침 시간 소등 후에는 뒤편 공간으로 가서 잠시 얼굴을 내밀고 물과 간식을 먹기도 했죠. 나름 편안하게 잘 다녀왔답니다. 다만 장시간 비행이다 보니 배변이 가장 큰 걱정이었어요. 기내 화장실에 케이지를 통째로 들고 가서 바닥에 패드를 깔고 배변을 유도했는데 공간이 좁다 보니 쉽지 않았어요.

Q. 뽀도리와 해외여행, 마음먹기가 쉽지 않았을 것 같아요.

A. 처음 뽀도리를 데려올 때 최고로 행복하게 해주고, 최대한 함께 있어 주기로 약속했어요. 해외라고 해서 특별히 더 고민되지 않았어요. 물론 절차나 비용 등 신경 쓸 부분들이 많지만, 반려견을 키운다면 이런 번거로움은 감내해야 한다고 생각해요. 가족을 혼자 놔두고 떠나지는 않잖아요. 특히 아이들의 시간은 짧으니까요. 코로나로 아직 신혼여행을 못 갔어요. 개인적으로는 스위스에 가고 싶어요. 아름다운 자연환경을 뽀도리에게도 보여주고 싶거든요.

Q. 함께 해외를 다니다 보면 한국과 다른 문화 차이도 느낄 것 같은데요. 인상적인 부분이 있다면요?

A. 반려견에게 친화적인 환경이에요. 함께 갈 수 있는 곳들도 많고, 사람들도 반려견을 우선 생각해주는 편이죠. 특히 한국에서는 귀엽다면서 바로 만지는 경우가 종종 있는데, 미국에서는 먼저 인사를 해도 될지 물어보고 나서 손등을 내밀어 냄새를 맡게 하죠. 개를 편하게 해주려는 거죠. 바람직하다고 생각했어요. 특히 뽀도리는 사람들이 만지는 것을 좋아하지 않는데, 그런 걱정이 줄어드니 한결 마음 편하게 다닐 수 있었어요.

내년에 캐나다에서 인생 2막을 시작해요.
뽀도리와 함께 이민을 가게 되었어요.
뽀도리가 신나게 뛰어놀 수 있는
잔디밭이 있는 집을 구할 계획이에요.
곧 태어날 아기와 늘 고마운 뽀도리에게
좋은 보호자가 되고 싶어요.

DAILY ROUTE
한눈에 보는 코스

우리 댕댕이에게도
이탈리안 푸드
149플라밍고

차량 10분

함께 쇼핑하며 걸어요
앨리웨이 광교

차량 15분

비행기 타기 전 건강검진 필수
**수지성복 SL
동물병원**

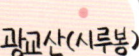

수원·용인

COFFEE < in 앨리웨이 광교
연남방앗간
- 경기도 수원시 영통구 광교호수공원로 80 H동 1층
- 매일 09:50~21:50
- 소형견에 한해 동반 가능
- 가능

BAKERY < in 앨리웨이 광교
밀도
- 경기도 수원시 영통구 광교호수공원로 80 141,142,143호
- 매일 10:00~21:00
- 견종, 크기 제한 없이 외부공간 동반 가능
- 가능

MEAL < in 앨리웨이 광교
봉주르하와이
- 경기도 수원시 영통구 광교호수공원로 80
- 매일 10:00~22:00
- 소형견에 한해 동반 가능
- 가능

PUB < in 앨리웨이 광교
더부스
- 경기도 수원시 영통구 광교호수공원로 80 147,148,149호
- 월~금요일 16:30~21:50, 토·일요일 12:00~21:50
- 견종, 크기 제한 없이 외부공간 동반 가능
- 가능

COFFEE <
카페송송
- 경기도 수원시 영통구 센트럴파크로127번길 125
- 화~일요일 10:00~21:00 / 휴무 월요일
- 소형견에 한해 동반 가능
- 카페거리1 공영주차장

COFFEE <
플로르컵
- 경기도 수원시 영통구 대학로8번길 60 1층
- 목~화요일 12:00~21:00 / 휴무 수요일
- 중·소형견에 한해 동반 가능
- 가능

BRUNCH <
카페드단아한
- 경기도 수원시 영통구 에듀타운로 17 1층
- 매일 09:00~22:00
- 견종, 크기 제한 없이 외부공간 동반 가능
- 가능

MEAL <
올리브1999
- 경기도 수원시 영통구 센트럴파크로127번길 80-16
- 화~일요일 11:00~22:00 / 휴무 월요일
- 중·소형견에 한해 외부공간 동반 가능
- 카페거리1 공영주차장

SHOP <
롯데몰 수지점 ★케이지 필수
- 경기도 용인시 수지구 성복2로 38
- 매일 10:30~21:00
- 케이지 이동 시 동반 가능
- 가능

PLAYGROUND & MEAL <
노리개운동장
★식사할 경우 예약 필수
- 경기도 용인시 처인구 원삼면 원양로291번길 103-6
- 수~월요일 11:00~20:00 / 휴무 화요일
- 입장 제한 견종이 명시된 이용 규정 참고

PARK <
광교호수공원
- 경기도 수원시 영통구 광교호수로 165

MOUNTAIN <
광교산
- 경기도 용인시 수지구 고기동 산58-1

Space
1

149 플라밍고
149 Flamingo

📍 경기도 수원시 영통구 법조로149번길 47
🕐 매일 11:30~22:00 (Break Time 16:00~17:00) / 휴무 부정기(인스타그램 공지)
🐶 견종, 크기 제한 없이 동반 가능 / 반려동물 물그릇, 쿠션 제공
Ⓟ 가능
@ instagram.com/149flamingo

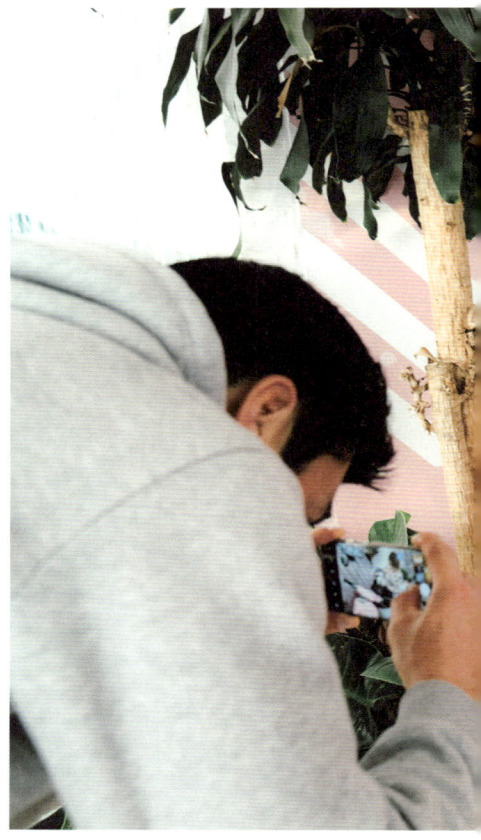

들어서는 순간 심쿵, 여심을 저격하는 핑크핑크한 인테리어가 돋보이는 이탈리안 레스토랑. 공간을 채운 수십 마리의 핑크 플라멩고들을 보니 당장이라도 어디론가 여행을 떠나고 싶어진다. 한편에는 이곳에서 키우는 광복이와 한글이의 통유리 집이 마련되어 있다. 이탈리안 전문 셰프가 운영하는 곳이어서 요리 수준과 맛이 기대할 만하다. 농어 파스타와 아보카도 명란 파스타, 뇨끼 트러플 등 재료 본연의 맛이 살아 있는 요리를 만날 수 있다. 반려견 전용 메뉴도 놓치지 말자. 뽀도리를 위해 단호박과 고구마 등 천연 재료로 만든 빵과 라테 세트를 주문한다. 마파람에 게 눈도 이보다 빨리 감출 수 있을까. 배가 불러 조금 차분해진 뽀도리에게 책 속 캐나다를 보여준다. 하얀 설경과 파란 하늘, 앞으로 펼쳐질 세상만큼 청명하다.

Space 2

앨리웨이 광교
Alleyway Gwanggyo

- 경기도 수원시 영통구 광교호수공원로 80
- 매일 11:00~21:00
- 견종, 크기 제한 없이 동반 가능
- 가능
- https://www.alleyway.co.kr

앨리웨이(alleyway)는 영어로 골목을 뜻한다. 꽉 막힌 쇼핑몰이 아니라 오픈된 광장에 마켓이 열리는 문화공간에 가깝다. 중앙 광장인 헬로 그라운드에는 세계적인 모던아트 작가 카우스의 초대형 작품 '클린 슬레이트'가 우뚝 서 있고 주위로 버스킹과 전시 등 다양한 공연이 열린다. 프랜차이즈 대신 개성 있는 가게들이 모여 있는데, 가게마다 반려동물 출입 가능 여부를 알리는 도어사인이 붙어 있다. 곳곳에 있는 반려견 배변 봉투함과 전용 음수대 등 펫프렌들리 문화가 돋보인다. 광교호수공원과도 가까워 함께 돌아보기 좋다.

Space 3

수지성복
SL동물병원

SL Animal Hospital

📍 경기도 용인시 수지구 성복1로 62 KCC스위첸 101동 111, 112호
🕐 월·목요일 10:00~20:30, 화·수·금요일 10:00~19:00, 토요일 10:00~17:00 / 휴무 일요일, 셋째 주 월요일
🅿 가능
@ slah.modoo.at

수술 & 건강검진 전문 병원으로 깨끗한 시설과 친절한 설명으로 마음이 간다. 캐나다로 출국하기 위해서는 크게 예방접종 및 건강증명서, 동물등록증, 광견병 항체 검사 신청서가 필요하다. SL동물병원에서는 영문으로도 발급 가능하니 참조하자. 광견병 접종은 아직 기간이 남아 전염병 키트 검사와 혈액검사를 진행하기로 했다. 최근 토를 자주 해서 걱정이었는데 다행히 뽀도리의 건강에 큰 이상은 없다. 그런데 오래전 삽입한 마이크로칩이 센서에 단번에 읽히지 않아 진땀을 흘렸다. 반려견의 피하에서 칩이 이동할 수 있는데, 이런 이유로 센서에 바로 반응하지 않는 경우가 종종 발생한다고 한다. 만일 공항에서 출국 직전 이런 일을 겪는다면 어떠할까 생각만 해도 아찔하다. 이렇게 생각지 못한 변수가 있으니 미리 체크할 것! 캐나다와 미국은 2~3개월 전, 뉴질랜드와 호주는 6개월 전부터 서류를 준비할 것을 권한다. 또한 국가와 항공사의 요구 사항이 다를 수도 있으니 둘 다 확인해야 한다.

Behind the scene

자, 뽀도리
걸어가요 총총

엄마는
웃는 모습이
세상 예뻐

뽀도리는
윙크도 시크하게!

파주

알로하!
돌고 돌아 자연으로 로뚜뽀네
데이트립

여행을 일상처럼, 일상을 여행처럼 사는 가족이 있다. 사진 찍기를 좋아하는 엄마 뚜기와 자상한 요리왕 아빠 뽕호, 그리고 무한 체력 개린이 아들 로하. 각자의 애칭에서 한 글자씩 따서 일명 '로뚜뽀'네다. 훌쩍 떠나는 여행의 맛을 탐닉하던 삶에 로하를 만나면서 매일 나서는 산책의 즐거움까지 더해졌다. 그럼, 우리 오늘도 신나게 놀아볼까?

Companion Dog

로하
2019년생, 13kg
사람뿐만 아니라 개들도 홀리는
마성의 젠틀맨

Guardian

신봉호 & 홍성숙
회사원 & 대학원생
대학교 CC에서 부부로!
알콩달콩 신혼 3년 차

Family Interview.

Q. 로하가 아직 어린데도 의젓함이 느껴져요. 로하의 퍼피 시기는 어땠나요?

A. 어린 로하를 맞이하고 모든 생활이 조심스러워지기 시작했어요. 무엇보다 아파트에 살다 보니 이웃들에게 피해를 끼칠까 봐 그게 제일 걱정이었어요. 데리고 오기 전에 미리 찾아뵙고 인사를 드렸죠. 당연히 교육을 받을 예정이지만 강아지 때는 짖는 소리나 뛰는 소리가 날 수도 있다고 양해를 부탁드렸어요. 혹시 소음이 발생하면 꼭 알려달라고도 했고요. 다행히 이웃들은 이해를 해주었는데, 오히려 준비 안 된 건 저희였어요. 강아지는 음식, 산책, 장난감을 당연히 좋아할 거라고 생각했거든요. 그런데 로하는 하네스나 목줄도 거부하고, 산책도 싫어했어요. 산책하면서도 보이는 족족 물어뜯고 먹으려고 해서 저희가 끌려 다니느라 얼이 나갈 지경이었어요. 주말 퍼피 클래스를 다니다 좀 더 체계적인 생활 교육을 위해 훈련소에 회원제로 가입했습니다.

1년 동안 교육하면서 점차 로하의 시그널을 읽을 수 있게 되었을 뿐만 아니라, 저희의 역할과 포기해야 할 부분, 일상생활에 필요한 기초 예절까지 배웠죠. 사람과 마찬가지로 개도 어린 시기에 많은 것들이 결정되기에 최대한 좋은 경험을 많이 할 수 있도록 노력했어요.

Q. 인스타그램을 보니 로하와 함께 여행을 자주 다니던데요.

A. 코로나 전에는 매주 여행을 떠났던 것 같아요. 로하가 오고 나서 가장 큰 변화라면 여행지를 선택할 때 편하고 좋아하는 곳이 아닌 인적이 드물고 자연친화적인 장소를 고른다는 거예요. 또 교육하면서 만난 비슷한 크기와 성향을 가진 반려견 가족끼리 주기적으로 운동장을 빌려서 친구들과 신나게 뛰어놀기도 해요. 정보 교류는 물론 교육 때 배운 습관을 지속하는 데도 도움이 되거든요. 한번은 모임 중 번개가 쳤는데 한 친구가 무서워 경직되었어요. 로하가 가서 얼굴을 비벼주자 마치 얼음 땡 한 것처럼 괜찮아지더라고요. 왠지 모르게 뭉클했어요.

Q. 로하와 함께하고 싶은 여행이 있나요?

A. 저희 둘은 무인도를 찾아 스노클링을 즐길 만큼 워터 액티비티를 사랑한답니다. 로하와 함께 물에서 같이 노는 것을 꿈꿨는데, 안타깝게도 로하는 물을 좋아하지 않더라고요. 교육 프로그램을 통해 천천히 물을 접하게 하고, 따로 독채 풀빌라를 빌려 여러 번 시도했는데 한여름에도 물에 들어가지 않더라고요. 결국 포기하고 있었는데, 얼마 전 로하가 스스로 바다에 들어가서 노는 거예요. 2월이라 추운 겨울이었는데 그 모습을 보니 얼마나 행복하던지! 언젠가 같이 스노클링도 하고 서퍼보드나 카약을 타는 날도 오겠죠(웃음). 언젠가 로하와 함께 몰디브를 가보고 싶어요. 그 맑고 잔잔한 바다를 로하와 만끽하고 싶어요.

일주일에 한 번 정도는 저희 셋만 이용할 수 있는 반려견 운동장을 빌려요. 같이 공놀이도 하고 터그 놀이도 하고 마음껏 뛰어놀아요. 도심에서는 오프리시(off leash) 공간이 별로 없고 있어도 다른 반려견과 다툼이 일어날 우려 때문에 마음 편히 놀 수 없거든요. 플레이라움은 공간도 넓고 구역이 나뉘어 있어 용도에 맞게 이용할 수 있어요.

DAILY ROUTE
한눈에 보는 코스

마음껏 달려도 좋은
플레이라움

플레이라움

초리골 164

폴콘 파주본점

헤이헤이   프로방스 카페정원
  디스이즈

더 브릭하우스 73

혼커피바
토르타앳더코너   인터루드 커피
                        운정역
무드130
  오케키
   PAUN COFFEE   야당역
스테이씨

파주

PLUS 추천 장소

> COFFEE
더 브릭하우스 73
- 경기도 파주시 광탄면 쇠장이길 155
- 월·수~토요일 09:00~22:00, 일요일 10:00~22:00 / 휴무 화요일
- 견종, 크기 제한 없이 동반 가능
- 가능

> COFFEE
디스이즈
- 경기도 파주시 평화로 326 앞동 1F
- 월~금요일 12:00~19:00, 토·일요일 11:00~21:00
- 견종, 크기 제한 없이 동반 가능
- 가능(경기도 파주시 검산동 135-7)

> COFFEE
무드130
- 경기도 파주시 산내로104번길 8 1층
- 매일 11:00~22:00 / 휴무 인스타그램 공지
- 소형견에 한해 동반 가능
- 가능

> COFFEE
인터루드커피
- 경기도 파주시 가람로 39
- 금~수요일 11:00~22:00 / 휴무 목요일
- 중·소형견에 한해 동반 가능
- 가능

> COFFEE
초리골164
- 경기도 파주시 법원읍 초리골길 134
- 목~화요일 11:00~19:00 / 휴무 수요일
- 견종, 크기 제한 없이 외부공간 동반 가능
- 가능

> COFFEE
토르타앳더코너
- 경기도 파주시 청암로48번길 8-17 1층
- 수~월요일 11:00~22:00 / 휴무 화요일
- 소형견에 한해 동반 가능
- 가능

> COFFEE
폴콘 파주본점
- 경기도 파주시 월롱면 다락고개길 98-10 1층
- 매일 10:00~22:00
- 견종, 크기 제한 없이 외부공간 동반 가능
- 가능

> COFFEE
프로방스카페정원
- 경기도 파주시 월롱면 송화로 170-20
- 화~일요일 11:00~19:00 / 휴무 월요일
- 10kg 이하 반려견에 한해 동반 가능
- 가능

> COFFEE
흔커피바
- 경기도 파주시 청암로48번길 16-9
- 화~일요일 12:00~22:00 / 휴무 월요일
- 견종, 크기 제한 없이 동반 가능
- 가능

> COFFEE
PAUN COFFEE
- 경기도 파주시 와석순환로192번길 20
- 매일 11:00~22:00 / 휴무 인스타그램 공지
- 견종, 크기 제한 없이 동반 가능
- 가능

> BRUNCH
오케키
- 경기도 파주시 산내로7번길 7-2 1층
- 화~토요일 11:00~20:00 / 휴무 일·월요일
- 소형견에 한해 동반 가능
- 공간이 한정적이니 방문 전 확인

> BRUNCH
헤이헤이
- 경기도 파주시 평화로 380
- 11:00~21:00 / 휴무 인스타그램 (@paju_cafe_heyhey)공지
- 중·소형견에 한해 동반 가능
- 가능

> MEAL
스테이씨
- 경기도 파주시 교하로 677-20 3층
- 화~일요일 10:30~21:00 / 휴무 월요일
- 견종, 크기 제한 없이 동반 가능
- 가능

Space 1

플레이라움
Play Raum

📍 경기도 파주시 적성면 장뜰길 335
🕐 반일 11:00~15:00, 16:00~20:00 / 종일 12:00~20:00
🅿 가능
@ playraum.modoo.at

정말 이 길이 맞는지 몇 번이나 의구심이 들 만큼 깊숙한 곳에 자리한 반려견 운동장. 일정 시간 동안 공간을 빌려 우리만의 오붓한 시간을 즐길 수 있다. 특히 제약이 많고 마음껏 뛰어놀 공간이 부족한 대형견 가족들에게 인기다. 외곽인 만큼 마음껏 짖어도 괜찮다. 운동장은 수영장과 바비큐장, 숲속 산책로와 이어져 있다. 반일과 종일 대여를 할 수 있고 예약은 필수다.

볼수록 유쾌한 로뚜뽀네는 이곳에서 어떤 하루를 보낼까? 가족 입장! 세상에, 켄넬에 피크닉 바구니와 파라솔까지 짐이 한가득이다. 익숙하게 짐을 푸는 속도는 더 놀랍다. 엄마는 피크닉을

즐길 공간을 세팅하고 아빠는 요리 준비를 한다. 여행에서 먹방이 빠질 수 없기에 여행 때마다 로하 특별식을 만든다. 오늘의 메뉴는 구운 소고기를 곁들인 토마토 파스타. 토마토를 삶아 으깨 두부면을 버무리고 소고기를 듬뿍 올려준다. 은근 손이 많이 가는데 아빠의 정성을 아는지 '맛있는 녀석들' 못지않은 한입만을 선보이더니 순식간에 빈 접시만 남는다.

로하도 여행을 좋아한다. 집 근처에서 산책할 때와는 달리 새로운 곳에 가면 코를 바닥에 붙이고 오랫동안 탐색을 한다. 로하 전용 여행 가방도 있는데 그것만 챙기면 신나서 먼저 현관문으로 달려간다. 여행 가방에는 장난감과 간식, 휴대용 사료가 들어 있다. 특히 공과 밴드가 연결된 터그 장난감은 꼭 챙긴다. 한쪽씩 끝을 잡고 같이 놀아주다 보면 이 순간을 함께 즐긴다는 교감이 배가된다.

숲으로 또 다른 모험을 떠난다. 잣나무가 우거진 숲속 산책로에는 울타리가 있는 오프리시 구역이 따로 있다. 오르막인데도 피톤치드가 넘실거리는 나무들 사이를 힘차게 달린다. 어질리티존에서 그동안 배운 솜씨를 마음껏 뽐낸다. 운동장에 있는 낮은 족욕탕에 물을 받아주자 곧잘 들어간다. 물을 그다지 좋아하지 않는 로하의 눈높이에 딱이다.

여행에서 남는 것은 사진뿐! 이날을 위해 주문한 코스튬을 맞춰 입는다. 아빠와 엄마는 뒤뚱뒤뚱 동물이 되고, 로하는 왕자님이 된다. 찍은 사진들을 보며 웃음이 터진다. 웃음소리에 덩달아 기분이 좋아진 로하가 갑자기 운동장을 우다다 달린다. 큰 덩치에 해맑기 그지없어 또 한 번 웃는다. 매 순간을 웃게 해주는 로하와 함께하기에 소소한 일상이 여행이다.

Behind the scene

이 공 절대 놓치지 않을 거예요

족욕도 포기할 수 없잖아요

서초구

우리 가족 행복의 이유
반짝반짝 한강 나들이

가족은 세상에서 가장 빛나는 보석이다. 어떤 진귀한 금은보화를 주더라도 바꿀 수 없다. 철이 들면서 부모님이 마냥 커다란 존재가 아니란 사실을 깨닫는다. 늦둥이 아들 이유를 살뜰히 보살피시는 모습에서 어린 시절 받았던 사랑을 반추해본다. 이제는 내가 추억을 선물할 차례다. 오늘, 우리 한강으로 물멍하러 갑시다!

Companion Dog

이유
2018년 생, 4.8kg
사랑을 독차지하는 이씨 집안
막내아들

Guardian

이은지
직장인
최근 결혼한 오빠를 포함해 단란
한 4인 가족

Family Interview.

Q. '이유' 이름이 특이한데요. 혹시 가수 아이유의 팬인가요?

A. 그런 질문 많이 받는데요. 성이 이, 이름이 유! 외자입니다. '내 삶의 이유'라는 뜻입니다. 취업 준비를 하면서 정서적으로 힘들 때 이유를 만났어요. 계속되는 탈락으로 쓸모없는 사람이 된 것만 같았고, 제 존재 가치마저 의심이 됐죠. 이유를 만나 잃었던 삶의 의미를 조금씩 찾을 수 있었답니다. 신기하게도 이유가 오고 두 달 만에 취업에 성공했어요. 아마도 삶에 활력이 생기니 그런 에너지가 자기소개서나 면접에도 긍정적으로 비치지 않았을까 생각해요. 이제는 제 삶을 넘어 온 가족의 이유가 되었답니다.

Q. 축하드려요! 이유가 온 뒤 가족 모두에게 긍정적인 변화가 있었다면서요.

A. 원래는 부모님께서 이유 입양을 반대하셨어요. 이유 케어는 전적으로 제가 다 하겠다고 설득했죠. 이유가 온 뒤 가족 간의 대화와 웃음이 더 많아졌어요. 분가한 오빠도 이유를 보겠다고 더 자주 찾고요. 특히 아버지가 퇴근이 빠른 편이라 집에 혼자 있는 시간이 많았는데요. 이제는 퇴근하면 이유가 반갑게 맞아주고, 같이 산책도 다니니까 큰 위로가 되는 것 같아요. 외식할 때도 반려견 동반 가능한지 제일 먼저 물어보세요. 못 데려가는 곳이면 본인이 남겠다고 할 만큼 이유에게 푹 빠지셨어요.

우스갯소리로 이유를 가정평화 수호견이라고도 부르는데요. 조금만 큰 소리로 말하거나, 장난으로 서로 때리는 시늉만 해도 짖으면서 막아서요. 또 부모님께서 싫은 소리를 할 때는 이유를 통해서 해요. "유야, 누나한테 방 좀 치우라고 해"라든지 늦게 귀가하는 날에는 이유 사진과 함께 "유가 빨리 오래"라고 메시지를 보내요. 집안의 평화를 위해 유가 중간 역할을 톡톡히 하고 있답니다. 과거에는 '개는 개'라고 했다면 이제는 당연히 이유도 가족이라고 생각하세요.

Q. 가족끼리 여행도 자주 가게 됐다면서요?

A. 이유와 함께 다니면서 친구들보다 부모님과 다니는 것이 더 편하고 좋아졌어요. 이유를 키우면서 부모님의 마음도 조금이나마 이해할 수 있을 것 같기도 하고요. 함께 맛집과 예쁜 곳을 찾아다니면서, 사진과 동영상을 많이 남기려고 노력하고 있어요. 서울 인근으로 자주 가는 편인데 작년에는 저 멀리 남해와 통영에 다녀왔어요. 통영에서 연화도까지 배를 타고 들어가면서 느꼈던 바다 내음과 바람이 너무 행복했던 기억으로 남아 있답니다. 내년에는 다 같이 제주도를 가려고 계획하고 있어요. 펫프렌들리한 장소들이 많다고 해서 정말 기대돼요!

다른 반려견들처럼 이유 역시 하루의 절반 이상을 자면서 보내요.
분명 꿈도 꿀 텐데, 이유의 꿈이 지루하지 않고 다채롭게
만들어주는 것이 제가 할 수 있는 최선이 아닐까 싶어요.
아는 만큼 보이는 것처럼 다양한 경험을 통해 더 많은 세상을
보고 느끼면 더 재밌는 꿈을 꾸지 않을까요.

DAILY ROUTE
한눈에 보는 코스

유유자적 물멍의 시간
반포한강공원 도보 3분 견생 최고의 순간
골든 블루 마리나

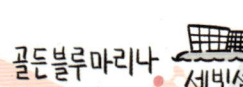
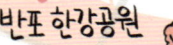

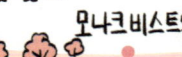

PLUS
추천 장소

서초구

COFFEE
라바트리
- 서울시 서초구 서초대로27길 33 지하 1층
- 매일 11:00~23:00
- 견종, 크기 제한 없이 동반 가능
- 건물 옆 2대 가능

COFFEE
심포니오브
- 서울시 서초구 반포동 107-80
- 매일 11:00~22:00
- 소형견에 한해 동반 가능
- 반포서래공영주차장

COFFEE
아트메이저
- 서울시 서초구 서초대로 114 J.H빌딩
- 월~금요일 08:00~23:00, 토·일요일 09:00~23:00
- 소형견에 한해 동반 가능
- 가능

COFFEE
웨잇어미닛
- 서울시 서초구 방배로18길 9
- 월~금요일 09:00~21:00, 토요일 11:30~21:00 / 휴무 일요일
- 중·소형견에 한해 동반 가능
- 가게 앞 1대 가능

YOGURT
팔러엠
- 서울시 서초구 사평대로28길 77
- 매일 10:00~21:00 / 휴무 월요일
- 소형견에 한해 동반 가능
- 가능

BRUNCH & PUB
모나크비스트로
- 서울시 서초구 잠원로 145-57 메리모나크 3층
- 매일 10:00~00:00
- 견종, 크기 제한 없이 외부공간 동반 가능
- 가능

BRUNCH
비지트
- 서울시 서초구 동광로18길 82
- 수~토요일 11:00~20:00, 일요일 11:00~18:00 / 휴무 월·화요일
- 소형견에 한해 동반 가능
- 방배열린문화센터 주차장

MEAL
노스티모
- 서울시 서초구 서초대로 125 2층 201호
- 월·수~금요일 18:00~22:00, 토·일요일 11:00~15:00 / 휴무 화요일
- 견종, 크기 제한 없이 동반 가능
- 가능

MEAL
미스터처비
- 서울시 서초구 방배로26길 19 2층
- 매일 11:00~00:00 (Last Order 22:00)
- 견종, 크기 제한 없이 동반 가능
- 방배열린문화센터 주차장

MEAL(Vegan)
푸드더즈매터 ★예약 필수
- 서울시 서초구 서래로1길 10 1층
- 화~일요일 10:30~21:00 (Break time 15:00~17:00) / 휴무 월요일
- 중·소형견에 한해 외부공간 동반 가능
- 발렛 가능

Space 1

반포
한강공원

Banpo Hangang Park

📍 서울시 서초구 신반포로11길 40

오늘은 즐거운 피크닉 데이. 종종 집과 가까운 양화한강공원으로 나들이를 즐기지만, 특별한 추억을 위해 조금 더 멀리 나가보기로 했다. 먹거리도 준비해서 말이다. 목적지는 반포한강공원. 반포대교 남단에 위치한 강변공원으로, 앞으로는 세빛섬이 떠있고 강 건너로는 남산타워가 우뚝 솟아 있다. 세빛섬은 세계 최초로 물에 뜨는 부체 위에 건물을 짓는 플로팅 건축물로, 채빛, 가빛, 솔빛 3개의 섬이 부교로 연결되어 있다. 좌측으로는 대형 스크린과 수상 무대를 갖춘 예빛섬이 있다. 레스토랑과 전시장, 컨벤션 홀을 갖추고 있으며, 튜브스터와 요트 같은 수상레저를 즐길 수 있다.

느지막한 오후, 공원은 화창한 날씨를 만끽하는 사람들로 붐빈다. 다행히 강변 쪽에 자리를 잡았다. 돗자리를 깔고 준비해 온 치킨과 샐러드를 차린다. 막내아들 이유가 빠르게 엄마 옆을 차지한다. 식이조절을 시키는 누나와 달리 간식을 가장 잘 주는 사람이기 때문이다. 이유가 끙끙 칭얼거리자 역시나 못 이기는 척 간식 하나를 건넨다. 막둥이의 뽀뽀를 원하는 아빠도 간식으로 유혹해보지만, 결과는 실패. 고양이 같은 새침한 매력에 모두의 애간장이 녹는다. 잔디에서 노즈워크와 공놀이를 하며 신나게 에너지를 방출한다. 피크닉은 반려견과 가족 모두를 만족시키는 최고의 레저이다.

Space 2

골든 블루 마리나
Golden Blue Marina

📍 서울시 서초구 반포2동 올림
픽대로 2085-14
🌐 www.gbboat.com

뜨거웠던 태양이 어느덧 뉘엿뉘엿 늘어진다. 유유히 흐르는 강물 위로 금빛 윤슬이 반짝인다. 바라보기만 해도 좋은 한강의 노을이지만 그 속으로 들어가면 더욱 특별해진다. 요트를 타고 강바람을 맞으며 노을에 젖어드는 기분은 겪어본 자만이 아는 호사다. 반포한강공원의 요트 투어는 가빛섬에 있는 골드 블루 마리나에서 운영하고 있다. 정기적으로 운행하는 레인보우브릿지 요트 투어와 파티보트 리무진호가 있는데, 다른 탑승객과 함께 하는 경우 반려견은 케이지에 넣어 탑승 가능하다.

조금 더 자유롭고 프라이빗하게 보내고 싶다면 대여를 추천한다. 일행끼리만 타기 때문에 반려견도 마음껏 콧바람을 쐴 수 있다. 반포대교에서 시작, 동작대교와 한강대교 아래 노들섬을 찍고 돌아오는 코스다. 일몰 30분 전에 맞춰 타면 파란 하늘과 노을, 야경까지 한 번에 즐길 수 있다. 몇 번 배를 타본 이유는 '이유자적' 풍광을 만끽한다. 대교 너머 석양을 보며 눈호강을 하고, 선체 해먹에서 인생사진을 남긴다. 작년 통영 여행에 이어 두고두고 꺼내 먹을 수 있는 초콜릿 같은 추억이 또 하나 더해졌다.

Behind the scene

우리 가족 웃음의 이유

이유는
오늘 밤 어떤 꿈을 꿀까요

What's in my bag

반려가족의 외출 아이템

What's in my bag
산책템

같이 걷기 위해 이것 꼭!

떡국(P.190) Pick!

댕댕이 산책 성향에 맞게1 🐾
하네스

기관지 협착증이 있어 하네스 선정에 신중한 편이다. 떡국이가 에디 앤 루이스 하네스를 편애하기에 색깔별, 계절별로 여러 개 가지고 있다. 옷이나 액세서리 대신 하네스로 멋을 내는 '꾸안꾸' 스타일을 추구한다. 야간 산책을 위한 LED 야광 방울도 달아주는 센스!

콜리(P.176) Pick!

댕댕이 산책 성향에 맞게2 🐾
대형견 전용 리드줄

산책 중 갑자기 튀어나가는 콜리에게 튼튼한 줄은 선택이 아닌 필수다. 콜리가 애용하는 하울팟 리드줄은 두껍고 튼튼한 데다, AS도 잘되어 2년 넘게 고쳐 쓰고 있다. 디자인이 마음에 들어서 산 건 안비밀!

두유(P.204) Pick!

위급 상황 시 가장 유용한 🐾
인식표

너의 이름은? 삼촌은 두부, 조카는 우유로 하고 싶어 3일간의 대치 끝에 '두유'로 타협했다. 유기견 보호소에서 봉사하면서 인식표의 중요성을 늘 이야기해왔기에, 조카들이 먼저 알아서 준비했다. 한눈에 들어오는 인식표 때문에 지나가던 사람들이 먼저 인사를 건네는 일이 다반사!

가루(P.106) Pick!

산책 훈련의 원동력 🐾
트릿백

두 손은 리드줄을 잡기에 벅차니 허리에 트릿백을 찬다. 가루가 너무 빨리 리드줄을 당길 때나 집중력이 필요할 때 이름을 부르며 트릿백을 툭툭 치면 그 옆으로 와서 앉는다. 간식을 많이 먹으면 살찔 수 있어 사료를 넣고 다닌다는 건 가루에게 비밀!

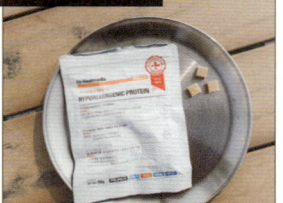

연하(P.032) Pick!

아무거나 먹으면 안 돼요 🐾
가수분해 간식

연하는 영국의 불도그를 프랑스에서 소형종으로 개량한 프렌치 불도그 견종이다. 우락부락한 외모와는 달리 유전적 질병을 많이 가지고 있어 주의가 필요하다. 안타깝게도 연하는 단백질 알레르기가 있어 전용 사료와 간식만 먹어야 한다. 외출 시 가수분해 단백질 바는 필수!

What's in my bag
이동템

멀리 이동하거나 동반 공간 방문 시 매너 있게!

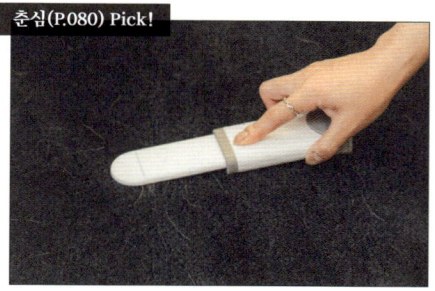

춘심(P.080) Pick!

머문 자리는 깨끗하게 🐾
털 제거기

웰시코기의 털 빠짐은 상상을 초월한다. 오죽하면 털뿜, 털을 뿜어낸다고 표현할까. 브러시의 폴리에스테르 부분으로 옷이나 가구를 문지르면 어느 정도 털과 먼지가 쓸려온다. 특히 바닥이 카펫인 곳을 방문할 때 매우 유용!

땅콩(P.254) Pick!

보호자 무릎 위가 아닐 때는 🐾
담요

언제나 함께하는 애착 담요. 유아용 담요로 푹신하고 보드랍다. 누나 무릎을 제외하고 다른 곳에 앉을 때는 꼭 깔아준다. 병원에 갈 때도 마찬가지다. 특히 초음파 검사를 할 때 꼭 깔아 달라고 부탁한다. 검사대가 푹신한데도 등 쪽에 멍이 드는 경우가 있기 때문!

벤(P.144) Pick!

중형견과 함께라면 🐾
켄넬

중형견에 속하는 비글은 아무래도 소형견보다 장소 제약이 있는 편. 성견이 된 후에도 좀 더 수월하게 함께 다닐 수 있도록 퍼피 때부터 켄넬 훈련을 했다. 덕분에 집에서도 켄넬에서 잠을 잘 만큼 안정적인 공간으로 인식하게 되었다. 차량 이동 시에도 켄넬에서 휴식을 취하는데, 놀러 가면서 또는 놀고 오면서 흥분을 가라앉히는 효과가 톡톡!

보리♡뚜지(P.156) Pick!

소형견과 함께라면 🐾
이동가방

패션의 완성은 가방! 자주 애용하는 투명 이동가방은 계절이나 옷에 따라 스트랩이나 쿠션을 바꿔주며 기분 전환을 하기 좋다. 내부가 보여 보리와 눈을 맞추며 상태를 체크할 수 있어 안심이 된다. 이것 역시 뚜지와 커플템!

아키(P.226) Pick!

아기강아지와 함께라면 🐾
슬링백

이제 막 접종을 마친 아기강아지는 외출할 때도 늘 조심조심! 추운 날씨에는 슬링백이 필수다. 감기 예방은 물론 사람이나 다른 개들과의 접촉도 피할 수 있기 때문. 개들이 많지 않은 장소를 찾아 산책 훈련을 하는데, 오가는 길은 언제나 가방에 쏘옥!

뽀도리(P.272) Pick!

가방의 변신은 무죄 🐾
폴딩백

평소엔 카시트, 비행기 탑승 시엔 기내용 이동 가방. 가방 밖으로 머리를 내놓고 있을 수 없는 기내에서 양옆의 지퍼를 열면 가방 내부 공간이 확장된다. 뽀도리가 안에서 뒹굴어도 넉넉한 사이즈로 변신!

비단(P.128) Pick!

뽀로로가 와도 못 바꿔 🐾
애착공

워낙 인형이나 공을 좋아해 물고 빠는 비단이다. 카페에서 작업할 때도 공 하나만 안겨주면 심심해하지 않고 잘 논다. 금방 더러워져 여러 개씩 사서 쟁여 두는데, 아끼는 공은 한 번에 10개씩 주문!

로하(P.286) Pick!

혹시라도 모르니까 🐾
페퍼 스프레이

자연친화적이고 한적한 곳을 찾아다니다 보니 생각지도 못한 상황에 부딪히기도 한다. 자유롭게 돌아다니는 시골 개나 들개들을 많이 마주치는데, 한번은 짖는 개들에게 둘러싸이는 아찔한 경험을 했다. 그 후 혹시 모를 공격에 대비해 가지고 다닌다. 평생 사용할 일은 없기를!

What's in my bag
뷰티템

네 털, 내 털은 소중하니까!

새커멍(P.044) Pick!

지저분한 것 털어주는 🐾
디쉐딩 브러시

풍성한 모량으로 둘째가라면 서러운 새커멍이. 털이 잘 엉키는 데다 다리도 짧아 먼지나 낙엽 등 이물질이 잘 달라붙는다. 외출할 때면 작고 가벼운 펫티저 스몰 디쉐딩 브러시를 꼭 챙긴다. 플라스틱 브러시로 자극이 적어, 엉킨 털 이것 하나로 해결!

이유(P.298) Pick!

찰랑찰랑 장모는 소중해 🐾
헤어 브러시

이유의 매력 포인트는 나비를 닮은 귀. 하지만 귀털이 잘 엉키는 데다 고개를 숙이면 땅에 닿아 수시로 빗겨줘야 한다. 크리스 크리스 텐슨 제품으로 핀 브러시 끝부분이 둥글게 되어 있어 자극이 적다. 빠삐용 모임에서 만나 친해진 지인이 선물해준 것!

What's in my bag

애정템

단 하나뿐인 오더메이드&핸드메이드 템!

레오(P.240) Pick!

널 향한 마음 한 알 한 알 🐾
비즈 인식표

2년 전 갑작스럽게 발생한 레오의 목 디스크. 레오의 목에 부담을 주지 않는 인식표를 찾다 비즈 인식표를 발견했다. 원하는 스타일로 맞춤 주문이 가능하다. 착용하기 쉽고 가벼운 데다 알록달록한 색상이 기분까지 밝게 해주니 단연코 애정템!

캐롤(P.068) Pick!

눈길 확 사로잡는 🐾
핸드메이드 리드줄

동대문에서 재료를 사서 손바느질 또는 가정용 재봉틀로 뚝딱 만들었다. 캐롤이의 리드줄은 무려 31개. 사람이 많은 길거리와 산책로에 따라 길이가 다른 리드줄 2개를 가지고 다닌다. 스카프도 꼭 해주는 편이다. 혹시라도 잃어버렸을 때 눈에 잘 띄어야 빨리 찾을 수 있을 테니까!

두밤(P.094) Pick!

반려견 대가족 꿀템 🐾
두밤이 전용 에코백

두밤이 이름이 새겨진 세상에 하나밖에 없는 가방. 두밤이 엄마 공혜림 씨의 동생이 한땀 한땀 손수 만들어준 것이다. 첫째 치노용 하나, 두밤이용 하나, 2개의 가방에는 각자에게 필요한 용품들이 담겨 있다. 짐은 최소화해서 다니는 편이다.

텐시(P.018) Pick!

피크닉 때 시선집중 🐾
입간판

잔디 위에 체크무늬 돗자리를 펼치고 맛있는 음식을 차린다. 여기는 텐시네 자리라고 입간판을 세워주면 감성 피크닉 완성! 손바닥 2개만 한 나무 입간판은 특별 주문 제작한 것으로, 친구가 그려준 텐시의 캐리커처를 넣은 게 포인트!

Happy Together

dear 율무

사랑하고 아끼는 율무와 사랑하고 아끼는 공간
너디블루에서 소중한 시간 함께 ♥

from 율무엄마

dear 흰둥이, 흰두부, 김애옹

유기견에서 반려견이 된 우리가족!
가족이니까 어딜 가더라도 함께해요

from 진소연

dear 둘리&제리

내년이면 10살 되는 우리 둘리&제리
앞으로 10년 더 같이 제주도로 휴가갈 수 있길

from 둘리 제리 남매 엄마

dear 박카스와 박카디

이제껏 함께한 봄보다 앞으로 함께할 봄이
더 기다려져
좀 더 많은 곳에서 추억 만들도록 오래오래
건강하자 ♥

from 카남매 집사

Better Together

dear 밤이

어린 나이에 심장병을 진단 받은 내 소중한
보물 밤이야
앞으로도 지금만큼만 유지해서 건강하게
오래오래 함께하자
사랑해 소중한 내새끼♥

from 별밤이엄마

dear 뽕구

우리가족 청청룩 맞춰 입고 을왕리 바다 구경

from 뽕구리

dear 코비

우리 코비 마라톤 완주한 튼튼 댕댕이 :)
오래오래 엄마랑 같이 뛰면서 건강하자.
사고는 조금만 치고 ㅎㅎ

from 엄마

dear 정미남

미남이 좋은 건 다 해줄게

from 누나

Happy Together

dear 레오&레이나

우리 집 사고뭉치 레오, 레이나!
평생 사고 쳐도 되니 오래오래 건강하게만
자라다오!

from 레레언니

dear 크리스

내 아들이자, 할머니 할아버지의 손자이자, 귀여운 막둥이 크리스야
앞으로도 우리와 함께 소중하고 행복한 가족으로 함께해 줘.
항상 미안하고 고맙고 사랑해.

from 크리스 엄마

dear 세바스티앙

나의 세바스티앙!
(펫시민 리포터였던 세바를 잊지 않으셨죠?)

↳ 그럼요 우리 영원한 세바, 언제나 마음속에 따뜻하게 살아 있어요

from 세바누나

dear 세양

우리 세양이와 함께 떠나는 여행부터가 추억이죠.
너희가 있었기에 내가 이 세상에 있을 수 있었어 고마워

from 세양누나

Better Together

dear 가을

혼라이프를 즐기다 가족이 생겼어요! 되도록 강아지와 시간을 많이 보내려 함께 다니는데 가을이랑 함께할 수 있는 공간이 있어 더욱 소중한 시간을 보낼 수 있어요 :)

from 가을이 엄마

dear 돈모아

추운 겨울 서로를 한눈에 알아본 우리. 길에서의 추위는 이제 산책으로만 기억하길 바라며
알 수 없는 너의 시간을 평생 행복과 사랑과 나눔으로 채워줄게!

from 엄마

dear 우주

나도 모르는 수많은 순간 너의 시선은 나를 향해 있었지

from 우주형

dear 두부

아가 우리 곁에 와줘서 너무 고마워

from 두부맘

Happy Together

dear 하루
내가 제일 사랑하는 하루와 어딜 가든 무엇을 하든 서로 삶을 공유하고 교감할 수 있어서 너무 행복해요^^

from 하루엄마

dear 뚜꾸
함께 해줘서 고맙고 앞으로도 즐거운 추억 많이 만들자!
언니가 뚜꾸랑 같이 놀러갈 수 있는 곳 더 찾아볼게!

from 뚜꾸언니

dear 연두
앞으로도 너에게 보여줄 예쁘고 아름다운 세상이 참 많아!
네가 행복할 수 있게 언니, 오빠도 더 노력할게!

from 연두언니

dear 한나
떠나기 전부터 펫시민을 의지하고 계획해서 도전할 수 있었던 한나와의 여행

from 한나누나

Better Together

@kim_pangpangs

dear 팡팡이

쉬러 가는 호캉스도 함께하고 싶은 내 단짝!
너와 함께할 수 있는 곳이 점점 많아지는 게 너무 행복해 :)

from 팡이엄마

@siri_the_maltese

dear 시리

왼쪽 입꼬리를 씩 올리며 짓는 미소, 앙콤하게 모인 까만콩, 노래부를 때 청아한 목소리와 발바닥 꼬순내까지 어느 곳 하나 예쁘지 않은 데 없는 우리 둥둥이 시리, 나의 보물! 시리와의 앞으로 10년도 펫시민이 소개하는 여러 장소들을 같이 다니면서 좋은 추억 쌓고 싶어요!

from 시리누나

@hangomkka

dear 곰돌이

함께한 시간 15년, 앞으로 15년만 더 같이 있자♡

from 곰까누나

@9.24k_k

dear 바리

나와 너의 첫 번째 차박

from 바리맘

dear 단

입양이 포기된 아이의 마지막을 지켜주자 하고 시작된 우리 인연.
그 후로 벌써 8년이 흘렀네. 지금은 돼지가 애칭인 정말 건강한 우리 단이.
너의 시간은 느리게 흘렀으면 좋겠어. 앞으로도 우리 모든걸 함께하자 사랑해.

from 단이이모

dear 로키

행복했던 로키와의 첫 여름, 우리한테 와줘서 정말 고마워!
앞으로도 수많은 계절을 함께하자!

from 로키엄마

dear 모찌

내 삶의 잊지 못할 가장 아름다운 동반 해외여행 ♥

from 모찌엄마

dear 망고

첫 비행을 마친 망고. 큰 강아지라 화물칸에 탔지만 생각보다 잘 견뎌주었어요.
제주에 반려견 동반 되는 곳이 많아 편히 다녀올 수 있었어요.

from 망고눈아

Better Together

dear 푸름

선물처럼 우리에게 온 푸름군^^ 엄마 아빠가 시간 될 때마다 푸름군 좋아하는 여행 많이 갈게~

from 푸름이엄마

dear 두유

두유야 엄마아빠가 평생 행복한 생일이 되게 해줄게♡

from 두유맘

dear 키키

보호소에서 올 때 7살이라 들었지만 우리집에 오자마자 애교덩어리 아기강아지가 된 키키. 강아지는 나이가 많든 적든 늘 사랑스러운 아기 같죠!

from 키키언니

dear 또또

견생 첫제주 첫바다 첫모래♥
댕댕이들과 함께 할 수 있는 공간이 많아지길 기도해요♥

from 엄마

dear 밍밍

형아 군대 가기 전 온 가족여행 :)
전에는 무조건 맛있는 곳 찾아다녔다면 지금은 강아지와 갈 수 있는 곳을 찾아 떠나요.

from 밍밍누나

dear 벤

벤과 가족이 되어 떠난 첫 여행, 벤의 첫 바다 ♥

from 벤엄마

dear 두부

떨어져 지내야 하는 가족들이 한 번씩 모일 때마다 꼭 반려견들과 추억을 만들곤 해요.
삶이 힘들고 가족들이 보고플 땐 사진을 보며 다시 힘을 내죠!

from 두부엄마

dear 고똥이

셋에서 넷으로. 똥이야, 엄마는 너희를 보면 세상 힘든 일 모두 잊고 비로소 행복을 느낀단다.

from 똥이엄마

Better Together

dear 레오
이동가방만 손에 들면 방방 신이 나고
즐거운 레오 😌
앞으로도 우리집 귀염둥이 레오랑 좋은 곳 많이
다니며 행복한 추억들 왕창 쌓으며 살고 싶어요.

from 레오맘

dear 해루
해루와 함께한 지 4년, 널 데리고 오던 해 13살이
던 나도 곧 고등학생이 되네. 널 만난 후 하루하루
가 너무 아깝고 소중해서 우리 가족은 매번 너와
함께 떠나고 추억을 만들어. 우리 오늘은 어디로
떠날까? 산? 들? 바다? 오름? 너와 함께라면 나는
어디든 좋아!

from 해루언니

dear 이코코
친정아버지가 긴 투병 끝에 천국으로 가신 후 목
놓아 울며 밤을 지새우던 나날들.
코코가 있었기에 견딜 수 있었어요. 나를 살게 한
우리 코코. 보고 있어도 보고픈 내 아가..

from 코코마미

dear 두부조림정식
우리집 삼남매 두부조림정식아! 언니랑 오빠가 어
떠한 일이 있어도 항상 너희 곁에서 행복을 만들
어주고 지켜줄게 ♥

from 삼둥이 누나언니

Happy Together

dear 금비

16년 전 2월, 너와의 첫 만남이 아직도 생생하단다. 넌 언제나 나를 안아주었고 너 덕분에 가족들은 자주 웃었어. 한없이 연약한 너의 무조건적인 사랑이 우리를 살아가게 했어. 금비는 사랑♡ 언제까지나 금비는 우리 가족♡ (펫시민이 있어 다행이에요♡)

from 금비언니

dear 천둥이와 율무

"천둥이랑 율무 잘 나온 사진으로 고를 거니까, 우리는 무조건 웃고 있어야 해!"
해외근무 중 잠깐 들어온 남편의 출국 전날, 우리는 가족사진을 찍기로 했습니다.
강아지 챙기랴, 포즈 생각하랴, 정신없이 시끌벅적했지만 깔깔 웃음이 끊이지 않는 시간이었죠. 내년 이맘때, 또 건강하게 다 같이 가족사진을 남기고 싶어요!

from 천둥이누나

dear 별이

날 열심히 살게 하는 원동력 내동생 별이, 별이 덕분에 버킷리스트도 점점 많아져요 :) 별이랑 함께 할 수 있는 공간들이 많아지고 있는 지금 너무 행복해요♥

from 별이언니

dear 우주

우주야 ♥ 평생 행복하게 해줄게

from 우주누나

Better Together

dear 정복길
나의 동반댕댕이 복길이 네가 곁에 있어서 힘이 된단다

from 형아

dear 배뭉탱
뭉탱이의 세상에 내가 전부이듯 내 세상도 뭉탱이가 전부♡ 나의 전부 뭉탱아 우리 가족은 세상에서 제일 사랑스러운 뭉탱이를 온 마음을 다해서 사랑해!

from 뭉탱누나

dear 베로
베로와 잔잔하고 편안히 보낸 오늘 하루. 베로 덕분에 작은 것에 즐거움을 느끼게 된 그것만으로도 충분히 감사하고 행복한 날들이란다.

from 베로맘

dear 이멍멍
너에게서 인생의 가장 귀한 가르침을 얻었어. 너를 사랑하며 사람들을 사랑하는 방법도 배울 수 있었단다. 이멍멍 고맙고 사랑한다.

from 멍이언니

Happy Together

dear 몽몽

몽몽아 엉아랑 둘일 때도 즐거웠지만 엉아 장가 가서도 평생 행복하게 사는 거야, 알았지!

from 몽몽엉아

dear 조림

후지마비 장애 고양이랑 함께한 첫 여행. 고양이도 여행 가고 싶다구요 :)

from 쪼림엄마

dear 동동이

늘 우리 가족에게 웃음 주는 우리집 막둥이 동동이 고마워

from 동동 큰누나

dear 코코

할머니코코, 언니들에겐 아직도 아가아가해

from 코코언니

dear 별

말이 없는 것들은 사람을 구제한다지. 별아 네가 아니었다면 지금의 행복은 아마 어림도 없었을거야. 사랑하는 나의 별아.

from 별이엄마

dear 베리

앞으로도 행복하고 오래오래 건강하게 누나랑 매일 함께 산책하자!
누나가 줄 수 있는 최고의 선물은 산책뿐☆

from 베리누나

dear 풍구

처음 만났을 때 축 처져 있던 귀가 어느새 쫑긋. 마냥 예뻐 우리 풍구!

from 풍구언니

dear 찰보리

매번 여러 체험 당하는 찰보리♡ 이번엔 모래찜질이다!! 언니랑 좋은 추억 만들어줘서 너무 고마워♡ 우리 오래오래 건강하고 행복하자.

from 임셀린

Making Note
메이킹 노트

Proofreader's note
by 추지영

반려동물과 함께해 온 삶이 어느덧 12년째. 3년 전 첫 번째 아이를 떠나보내고 지금은 성격이 전혀 다른 두 번째 아이와 알콩달콩 살아가고 있다. 12년 전 지인의 소개로 사정이 있어 키우지 못하게 된 첫 번째 송송이를 데려왔을 때만 해도 동네 산책을 하면 친구들 한 마리를 볼까 말까 할 정도였다. 펫프렌들리 문화라는 말조차 나오지 않을 때였다. 반려동물을 받아들이는 문화가 조금씩 생겨나면서 동네를 벗어나 조금 멀리 찾아다니기 시작했지만 강아지들의 생애는 상상했던 것보다 짧았다. 첫 번째 아이를 떠나보내고 가장 후회되었던 것이 더 아름답고 좋은 곳에서 많은 추억을 쌓지 못한 것이었다. 혼자 집을 지키는 시간이 많았던 아이에게 지금도 미안한 마음이다. 그래서 형아의 이름을 그대로 물려받은 두 번째 송송이에게는 세상이 얼마나 넓은지 보여주고 함께 다양한 경험을 해보기로 했다. 아이들의 생애는 고작 사람 생의 10분의 1 남짓이니까. 그 짧은 생애가 혼자 있는 시간으로 채워지지 않도록.

태어난 지 6개월 무렵 처음 우리 집에 왔을 때 자기 잠자리에서 2미터도 벗어나지 못했던 송송이는 행동 반경을 점점 넓혀나가고 있다. 이 책을 작업하면서 송송이와 갈 곳이 많다는 것에 무엇보다 반가웠다. 책에 소개된 곳을 찾아가 처음으로 남편과 나, 송송이 셋이 펍에서 맥주 한잔을 하기도 했다. 마치 해외의 낯선 어느 펍에 와 있는 기분이었다. 함께 비행기를 타고 제주도 푸른 바다에 발도 담가보고, 더 먼 하와이의 카피올라니 공원을 함께 산책하는 꿈도 꿔본다.

Interviewer's note
by 박애진

"나만큼 애(개)들에게 잘하는 사람 있으면 나와보라고 해! 남실이랑 윤슬이는 복 받았지."
때 되면 수제 간식을 만들고, 하루 세 번씩 산책을 한다. 아예 자유롭게 뛰어놀 수 있는 전원주택으로 이사까지 했다. 무엇보다 프리랜서라 대부분을 집에서 보내니, 이보다 반려견에게 좋을 수 있냐며 자위했다. 하지만 나의 집사 부심은 이번 프로젝트로 산산이 부서졌다. 함께 지내는 것과 함께 시간을 보내는 것은 전혀 다른 차원이었다.

 19팀의 다채로운 가족을 만났다. 반려견은 자연스레 그들의 가족으로 스며들어 있었다. 그렇게 되기까지 각자만의 방법으로 최선을 다하는 모습을 담는 것은 실로 경이롭고 행복한 일이었다. 남실이를 처음 만났을 때가 떠올랐다. 유기견이던 남실이는 멀찍이 앉아 바라만 볼 뿐 다가오지 않았다. 개에 문외한이었기에 수시로 남실이의 기분과 상태를 살피고, 무엇을 원하는지 알기 위해 노력했다. 우리는 천천히 친해졌다. 그렇게 11년이 흘렀다.

 늘 옆에 있는 게 당연해 가끔 잊고 만다. 이 작은 털뭉치가 주는 크나큰 사랑을. 가끔 소홀하고 만다. 영원히 내 곁에 있어 줄 것이라 망각하며. 문득 글을 쓰다 발끝을 보면 어김없이 눈이 마주친다. 이 눈맞춤을 위해 얼마나 오랜 시간 나를 보고 있었던 것일까. 발을 뻗으면 보드라운 털이 느껴진다. 따뜻하다.

 일 년 반에 거친 책 작업은 초심을 돌아보는 계기가 되었다. 익숙함에 속지 말고, 소중히 여겨주기 위해 끊임없는 노력이 필요하다는 것을 배웠다. 새로운 가족을 만나러 가는 길은 설고, 돌아오는 길은 충만했다. 무엇보다 혼자 하는 작업이 익숙한 내게, 여럿이 손발을 맞춰가는 팀플레이는 새로운 영감을 주는 신선한 경험이었다.

 전방에서 척척 진두지휘해준 오수진 대표와 대포만큼 큰 카메라 두 대를 메고 현장을 뛰어다닌 철인 김수정 사진작가, 힘든 고비마다 밝은 에너지로 으쌰으쌰 해준 정희경 편집자 님에게 감사의 인사를 전한다. 마지막으로 인터뷰를 응해준 모든 가족분들에게 무한한 감사를 드리며, 향기로운 꽃길만 걷길 응원하고 또 응원한다.

Photographer's note
by 김수정

반려동물들이 우리 삶에 아주 깊숙이 들어와 있다는 걸 깨달은 시간이었어요. 다양한 방식으로 살아가는 반려가족의 모습을 사진으로 담으면서 이것만은 확실히 알게 된 것 같아요. 어떻게든 보호자와 함께할 수만 있다면 그들에게 최고의 행복이라는 사실이요. 벤치에 앉아 그저 멍을 때리는 순간이라고 해도, 목적 없이 길을 걷는다고 해도 말이죠. 이토록 조건 없이 나를 따르고 나와 함께하는 시간을 기뻐해주는 벗이 있을까요?

 그들이 갖고 있는 특유의 따뜻함이 보여지는 순간을 작은 프레임에 담아본다는 것, 사진 작가로서 이보다 더 의미 있고 기분 좋은 일이 있을까 싶어요. 바쁜 일상을 보내다가도 촬영 전날만큼은 다음 날 만나게 될 친구의 성격과 함께 보낼 장소, 동선을 체크하면서 작업에 대한 다짐과 설렘으로 채웠어요. 그에 맞는 렌즈를 선택하고, 카메라 스트랩을 조절해보면서 말이죠. 현장에서도 친구들의 행동과 모습뿐만 아니라 성격과 개성까지 담아내기 위해서는 촬영 내내 오감을 집중하는 일이 쉽지만은 않지만, 촬영이 끝난 후에는 이미 그들과 끈끈한 우정이 생기기도 했지요.

 우리의 생활 속에서 반려동물과 동행한다는 것은 많은 것이 요구되지도 않을뿐더러 작은 노력만 더해진다면 충분히 가능하다는 사실을 깨닫는 시간이었습니다. 지금 이 순간에도 어떠한 반려동물의 이야기들이 펼쳐지고 있는지 궁금해서 카메라 들고 밖으로 나가보고 싶네요!

Editor's
note
by 정희경

이 책을 작업하며 종종 펼쳐본 책이 있습니다. 강아지와 소년이 함께 나무배를 타고 고래를 찾아 나서는 이야기, 《고래가 보고 싶거든》이라는 그림책인데요. 둘의 '간절함'과 '기다림'으로 그림책 마지막 장에서 마침내 고래를 마주하게 됩니다.

   우리의 책이 반려가족들에게 나무배가 되기를 간절히 바랍니다. 도심 속 어딘가 배려하고 배려받는 분위기 속에서 여러분만의 고래를 꼭 만날 수 있을 거예요! 그..그리고.. 사지 말고 입양하세요.

Designer's
note
by 이유정

장소에 대한 가족들의 추억과 사랑이 가득 담긴 순간들을 볼 수 있어서 마음이 따뜻해지는 책이었습니다. 반려동물과 함께 즐길 수 있는 공간이 다양하게 있어서 반려동물을 키우는 친구에게 꼭 선물해주고 싶어요.

   귀여운 강아지들을 원없이 볼 수 있어서 반려동물을 키우지 않는 저로서는 흐뭇한 미소가 절로 지어졌어요. 함께 여행하는 듯한 기분으로 즐겁게 보면 좋을 것 같습니다.